“十三五”全国高职高专教育精品规划教材

报关与国际货运特色专业系列教材

海关保税监管实务

主　编　黄莹莹　杨　磊

副主编　杨素琳　徐剑斯

参　编　邓海涛　封永梅

　　　　宁　燕

北京交通大学出版社

·北京·

内容简介

本书共分为五章：第一章，保税监管概述，包括保税监管的产生与发展、保税监管的制度及保税监管的模式三部分内容；第二章，海关保税加工监管，包括保税加工概况、电子化手册管理下的保税加工、电子账册管理下的保税加工及保税加工特殊业务；第三章，保税监管场所，包括保税仓库的功能和政策及进出仓报关程序、出口监管仓库的功能和政策、进出仓报关程序及保税物流中心（B 型）的功能和政策、进出中心报关程序；第四章，海关特殊监管区域，包括海关特殊监管区域概述、保税区的功能和政策及进出区报关程序、出口加工区的功能和政策及进出区报关程序、保税物流园区的功能和政策及进出区报关程序、保税港区（综合保税区）的功能和政策及进出区报关程序；第五章，加工贸易电子口岸实务，包括无纸化手册操作系统操作说明和电子账册操作系统操作说明。

五章的内容按照以下思路设计：了解保税货物的概况后将保税加工和保税物流分别在业务流程上进行详细解释，并对保税加工的两种操作系统——无纸化手册操作系统和电子账册操作系统进行说明，体现出先概念—再流程—后操作的学习线路。

本书可以作为报关与国际货运代理、国际货运代理、国际商务、国际经济与贸易、物流管理等专业的学习教材，也可以作为报关从业人员的专业参考用书。

图书在版编目（CIP）数据

海关保税监管实务 / 黄莹莹，杨磊主编．— 北京：北京交通大学出版社，2016.12
（“十三五”全国高职高专教育精品规划教材）
ISBN 978-7-5121-3091-3

Ⅰ．① 海… Ⅱ．① 黄… ② 杨… Ⅲ．① 海关-监管制度-中国-高等职业教育-教材
Ⅳ．① F752.55

中国版本图书馆 CIP 数据核字（2016）第 307819 号

责任编辑：刘海丽
出版发行：北京交通大学出版社　　电话：010-51686414　　http://www.bjtup.com.cn
地　　址：北京市海淀区高梁桥斜街 44 号　　邮编：100044
印 刷 者：北京时代华都印刷有限公司
经　　销：全国新华书店
开　　本：185 mm×260 mm　　印张：10.75　　字数：259 千字
版　　次：2016 年 12 月第 1 版　　2016 年 12 月第 1 次印刷
书　　号：ISBN 978-7-5121-3091-3/F · 1664
印　　数：1～3 000 册　　定价：32.00 元

本书如有质量问题，请向北京交通大学出版社质监组反映。对您的意见和批评，我们表示欢迎和感谢。
投诉电话：010-51686043，51686008；传真：010-62225406；E-mail：press@bjtu.edu.cn。

“十三五”全国高职高专教育精品规划教材丛书编委会

出版说明

高职高专教育是我国高等教育的重要组成部分，其根本任务是培养生产、建设、管理和服务第一线需要的德、智、体、美全面发展的应用型专门人才，所培养的学生在掌握必要的基础理论和专业知识的基础上，应重点掌握从事本专业领域实际工作的基础知识和职业技能，因此与其对应的教材也必须有自己的体系和特点。

为了适应我国高职高专教育发展及其对教育改革和教材建设的需要，在教育部的指导下，我们在全国范围内组织并成立了“全国高职高专教育精品规划教材研究与编审委员会”（以下简称“教材研究与编审委员会”）。“教材研究与编审委员会”的成员所在单位皆为教学改革成效较大、办学实力强、办学特色鲜明的高等专科学校、成人高等学校、高等职业学校及高等院校主办的二级职业技术学院，其中一些学校是国家重点建设的示范性职业技术学院。

为了保证精品规划教材的出版质量，“教材研究与编审委员会”在全国范围内选聘“全国高职高专教育精品规划教材编审委员会”（以下简称“教材编审委员会”）成员和征集教材，并要求“教材编审委员会”成员和规划教材的编著者必须是从事高职高专教学第一线的优秀教师和专家。此外，“教材编审委员会”还组织各专业的专家、教授对所征集的教材进行评选，对所列选教材进行审定。

此次精品规划教材按照教育部制定的“高职高专教育基础课程教学基本要求”而编写。此次规划教材按照突出应用性、针对性和实践性的原则编写，并重组系列课程教材结构，力求反映高职高专课程和教学内容体系改革方向；反映当前教学的新内容，突出基础理论知识的应用和实践技能的培养；在兼顾理论和实践内容的同时，避免“全”而“深”的面面俱到，基础理论以应用为目的，以必需、够用为尺度；尽量体现新知识和新方法，以利于学生综合素质的形成和科学思维方式与创新能力的培养。

此外，为了使规划教材更具广泛性、科学性、先进性和代表性，我们真心希望全国从事高职高专教育的院校能够积极参与到“教材研究与编审委员会”中来，推荐有特色、有创新的教材。同时，希望将教学实践的意见和建议及时反馈给我们，以便对出版的教材不断修订、完善，不断提高教材质量，完善教材体系，为社会奉献更多更新的与高职高专教育配套的高质量教材。

此次所有精品规划教材由全国重点大学出版社——北京交通大学出版社出版。适合于各类高等专科学校、成人高等学校、高等职业学校及高等院校主办的二级技术学院使用。

全国高职高专教育精品规划教材研究与编审委员会

2016年12月

总 序

历史的车轮已经跨入了公元2016年，我国高等教育的规模已经是世界之最，2015年毛入学率达到40%，属于高等教育大众化教育阶段。根据《教育部关于全面提高高等职业教育教学质量的若干意见》（教高〔2006〕16号）等文件精神，高职高专院校要积极构建与生产劳动和社会实践相结合的学习模式，把工学结合作为高等职业教育人才培养模式改革的重要切入点，带动专业调整与建设，引导课程设置、教学内容和教学方法改革。由此，高职高专教学改革进入了一个崭新阶段。

新设高职类型的院校是一种新型的专科教育模式，高职高专院校培养的人才应当是应用型、操作型人才，是高级蓝领。新型的教育模式需要我们改变原有的教育模式和教育方法，改变没有相应的专用教材和相应的新型师资力量的现状。

为了使高职院校的办学有特色，毕业生有专长，需要建立"以就业为导向"的新型人才培养模式。为了达到这样的目标，我们提出"以就业为导向，要从教材差异化开始"的改革思路，打破高职高专院校使用教材的统一性，根据各高职高专院校专业和生源的差异性，因材施教。从高职高专教学最基本的基础课程，到各个专业的专业课程，着重编写出实用、适用高职高专不同类型人才培养的教材，同时根据院校所在地经济条件的不同和学生兴趣的差异，编写出形式活泼、授课方式灵活、满足社会需求的教材。

培养的差异性是高等教育进入大众化教育阶段的客观规律，也是高等教育发展与社会发展相适应的必然结果。只有使在校学生接受差异性的教育，才能充分调动学生浓厚的学习兴趣，才能保证不同层次的学生掌握不同的技能专长，避免毕业生被用人单位打上"批量产品"的标签。只有高等学校的培养有差异性，其毕业生才能有特色，才会在就业市场具有竞争力，从而使高职高专的就业率大幅度提高。

北京交通大学出版社出版的这套高职高专教材，是在教育部所倡导的"创新独特"四字方针下产生的。教材本身融入了很多较新的理念，出现了一批独具匠心的教材，其中，扬州环境资源职业技术学院的李德才教授所编写的《分层数学》，教材立意新颖，独具一格，提出以生源的质量决定教授数学课程的层次和级别。还有无锡南洋职业技术学院的杨鑫教授编写的一套将管理学、经济学等不同学科知识融为一体的教材，具有很强的实用性。

此套系列教材是由长期工作在第一线、具有丰富教学经验的老师编写的，具有很好的指导作用，达到了我们所提倡的"以就业为导向培养高职高专学生"和因材施教的目标要求。

教育部全国高等学校学生信息咨询与就业指导中心择业指导处处长

中国高等教育学会毕业生就业指导分会秘书长

曹　殊　研究员

编委会成员名单

前　言

加工贸易是国际上普遍采用的一种贸易方式。在我国的外贸实践中，其发展经历了服装鞋帽、家用电器、IT 产业、加工装备制造业等几个产业升级阶段。海关保税监管制度从纸质手册到电子账册、从以手册为单元到以企业为单元的管理，随着加工贸易的发展进程在不断推进。此外，在经济全球化潮流的推动下，快速、高效和低成本运作成为现代物流发展的必然趋势。海关是现代物流的直接参与者，在现代物流大链条中连接国际和国内两个市场，对加工贸易和保税货物的监管有着最直接和最密切的联系，对物流的发展产生着显著的影响。

目前，市场上有关海关保税监管实务的教材不多，已有的报关教材主要还是将大部分的海关监管制度的内容进行囊括，信息量大而全，针对保税业务进行详细梳理并有针对性的操作指导的教材也是非常有限。鉴于此，本书是从海关保税业务认知出发，按照保税货物概况开始理解，并侧重于具体的保税加工和保税物流货物的报关程序，最后针对保税加工货物使用的中国电子口岸两个操作系统——无纸化手册操作系统和电子账册操作系统进行说明，既有理论又有操作。本教材可以作为从事保税业务工作人员的参考用书，也可以作为职业院校报关与国际货运、国际货运代理、国际物流、国际经济与贸易等专业的课程教材或专业辅导书。

本书主要依据《中华人民共和国海关法》及相关法律、行政法规和部门规章及相关的规范性文件，同时参考了较多的报关相关教材，由具有丰富教学经验和业务知识的老师和专家编写而成。教材由广西国际商务职业技术学院黄莹莹、杨磊老师担任主编。其中，第一章由邓海涛、徐剑斯编写，第二章由黄莹莹、宁燕编写，第三章由封永梅、杨磊编写，第四章由杨磊、黄志芳编写，第五章由黄莹莹、陈振锟编写。在本书在编写过程中，借鉴了国内外许多学者的观点，参考了大量论文、专著和网络资料，对本书的编写有很大的帮助，在此表示诚挚的感谢！

由于编者水平有限，加之时间仓促，本书难免有不足之处，恳请各位专家和读者批评指正。

编者

2016 年 6 月

目　录

第一章

保税监管概述

学习目标

了解保税监管的意义、保税制度的特点；
掌握保税监管的模式。

技能目标

能够区分物理围网和非物理围网两种监管模式。

学习内容

本章主要介绍保税监管的产生与发展、保税监管制度、保税监管模式等内容。

第一节 保税监管的产生与发展

一、保税制度的历史由来

“保税”称呼的由来，是海关对货物“保留征税权”的简称。保税制度最早产生于中世纪诸侯分立的欧洲，众多公国划地为境，设立关卡，对进入关卡的货物征收关税。转口贸易中的商品在进入某公国时，往往是将该国作为贸易中转地，并非在该国销售货物，但也要缴纳进口税费。这种局面严重制约了转口贸易的发展，于是，一些公国从发展本国航运业出发，在转口贸易货物进入本国关卡时，保留对其税款的征收，直至该货物确定最终的流向时再做相关处理。由于这种措施大大减轻了转口贸易商的货物流转成本，于是转口贸易商纷纷以该国作为转口贸易的中转地，相应地促进了该国航运业的发展。在16世纪中期，意大利的利沃诺（意大利西北部热那亚湾的一个港口）成为世界上第一个实行保税制度的城市，并产生了最初的保税形式——保税存储制度。

经过几百年的发展和完善，保税制度不再仅仅局限于原来的转口贸易，而是被不同国家根据其需要适用于不同贸易方式中的货物，如加工贸易、寄售、维修贸易等业务。

二、我国保税制度的发展历程

我国海关目前施行的保税制度是在改革开放中产生和发展起来的。改革开放以来，我国飞速发展的经济，特别是飞速发展的对外贸易，大大推动了保税业务，推动了海关对保税货物的监管，也推动了适应经济发展的完全新颖的保税制度的诞生和发展。

1981 年海关总署颁布的《海关对保税货物和保税仓库监管暂行办法》，是我国海关制定的第一个涉及海关保税监管制度的文件。这个办法首次勾画出“保税仓储”这一保税制度形式，规定了监管保税仓库和保税仓库货物的具体办法。

1982 年 10 月海关总署公布的《海关对加工装配和中小型补偿贸易进出口货物监管和征免税实施细则》，开始把“保税加工”纳入保税制度的范围。

1987 年诞生的《海关法》以法律的形式赋予海关批准保税的权利，扩大了准予保税的货物的范围，把“保税加工”这一保税制度形式确定下来，并明确规定保税货物是海关监管货物。

1990 年 9 月海关总署颁布的《海关对进出上海外高桥保税区货物、运输工具和个人物品的管理办法》开始构筑“区域保税”这一新的保税监管制度。

2001 年修正版《海关法》增补了加工贸易海关监管的条款，赋予海关核定加工贸易单耗的法定权利，对加工贸易实行保税、先征后退以及保税料件内销作海关核销等作出了法律规定，大大地丰富了保税制度的内容。

在这期间，保税业务以前所未有的速度迅猛发展，海关对保税货物的监管也很快形成了一套完整的制度。在形成这一套制度的过程中，国家有关部门，特别是海关总署，根据国家的有关法律、法规、政策，制定和发布了许多文件，进一步规范了保税监管的范围、办法、程序、细则和标准，使全国海关的保税监管走上了有法可依、规范管理的轨道。国家的有关法律、法规、政策和规范性文件所包含的海关保税监管的作业要求，就是构成保税制度的基本内容。

三、保税监管的意义

（一）促进外贸发展

一般情况下，企业进口的保税货物暂缓征税、进出口无须申领许可证件，可以节省税收资金占用，降低经营成本，便捷通关，由此提高了经营利润和贸易效率，从而促进了对外贸易的快速发展。

（二）吸引外资进入

贸易与投资紧密相连、不可分割，进出口商开展保税业务时，出于经营成本、贸易效率和市场取向等因素考虑，往往选择在贸易国直接投资，由此吸引大量外资进入国内市场。

（三）促进产业升级

由于加工技术和国内原材料的限制，保税加工最初涉及的国内加工装配业务和技术比较简单，外商投资企业通过追加投资开办产品配套企业或车间，实现产品和工艺配套，提高了产品本地化的程度和自产比例，实现了进口替代，从而推动了国内相关配套产业快速发展。

（四）增加财政税收

当保税货物转内销时，就失去了其保税的条件，经审批后按一般进口货物税收制度征税进口，增加了税收收入。

（五）推动技术创新

在高新技术不断发展的背景之下，国际产业升级与转移步伐加快，发达国家正在将大量成熟的中间技术乃至高新技术向发展中国家转移，发展中国家制定和实施优惠的保税政策为技术转移创造了条件，促进了本国产业结构调整和技术进步，加快了产业升级和工业现代化进程。

（六）增加社会就业

发展中国家劳动力资源丰富，成本较低。通过实施保税制度，尤其是开展保税加工，可以解决社会就业压力以及社会就业矛盾引发的种种问题，为稳定社会做出积极的贡献，并提高从业人员素质，引入先进的管理理念和管理经验，提高本国劳动力整体水平。

（七）稳定本国经济

保税加工通过加工实现增值并带动国内原材料出口，从而实现进出口外汇顺差，对本国的国际收支平衡、稳定本国经济意义重大。

第二节 保税监管的制度

一、保税制度的定义

保税（bonded）是指暂时缓缴进口税收的一种海关税收制度。保税制度是对保税货物的进境、储存、加工、装配、结转、复出境全过程实施监督和管理的作业制度。国家通过颁布法律、行政法规、规章和规范性文件等形式，告知有关管理相对人，对保税货物的进、出、产、存、转、内销等过程，依照法定的程序和管理制度，对货物实行全方位、全过程的实际监管，确保保税货物按国家有关政策的规定实施流转和处置。保税制度包括保税加工制度和保税物流制度两部分。

二、保税制度的特点

（一）审批备案

保税加工货物，必须经商务主管部门审批、海关核准备案后，企业才能开展保税加工活动。对于保税物流货物，国家规定了各类海关特殊监管区域及保税监管场所准予存储的范围。准予存储的保税物流货物必须经海关审核批准，在海关监管下按规定进行保税货物的进、出、转、存活动。

（二）不受管制

经审核批准允许保税进口的货物，除国家另有规定外，一般不受国家贸易管制政策的约束，无须提交相关进口许可证件。

（三）暂缓纳税

保税货物无须办理进口纳税和减免税等手续，进境地海关凭有关单证册报关后直接验放。当保税货物最终不复运出境或改变保税货物性质时，才按货物实际流向办理进口申报及纳税等相关手续。

（四）保税核查

保税核查是由保税监管部门在保税货物监管期内，对有关保税企业申报内容的真实性、合法性作必要审查、核验的一种常规执法手段。

（五）监管延伸

保税货物的海关监管时间自货物进口申报起到货物的储存、加工、装配复运出境，并已办结海关核销手续止。保税货物的海关监管空间是指自货物进境在口岸海关监管场所申报放行、收货人提取后，直至货物储存、加工、装配、出口或办理内销等手续前的运输路线及海关监管场所。

由此可见，保税制度下海关对保税货物的监管在时间上是“线”的概念，在空间上是“面”的概念，是一个动态的过程管理，即所谓的监管延伸。

（六）核销结关

保税货物进出口报关，海关加盖“放行章”，执行放行程序。但是保税货物的放行只是以单票货物的形式结关，是整个监管过程的一个环节，保税货物只有全部办理出口报关等手续解除监管并核销结案才能实质结关。核销是保税货物监管的最后一道程序，是保税制度区别于海关一般进出口货物通关制度的一个重要特点。

综上所述，保税货物在货物进口前，由海关受理相应的保税申请，按照国家规定的保税条件核准备案。保税货物进口时，海关凭有关保税单证先予放行，企业按规定的时间和要求，储存、加工、装配后复运出境，办理转内销手续或深加工结转等解除监管手续后，海关按规定予以核销结案。

三、保税制度的海关监管

（一）备案核销制度

海关备案是保税监管的第一道程序，是经营企业取得海关保税业务的经营许可，也是海关实施全过程保税监管以及税收保障的关键；核销是保税监管后续管理的核心，是海关对加工贸易合同全过程监管工作的具体体现。备案核销制度主要分为以下几个方面的内容。

1. 保税加工备案制度

1）纸质手册管理下的加工贸易合同备案制度

企业向海关递交商务主管部门出具的加工贸易批件和经营企业加工贸易合同等文件，海关依法受理加工贸易合同备案，并核发纸质手册。

2）电子手册备案制度

海关依据商务部门的批件，对企业申报的电子手册料号级数据进行归类预核和内部审核，并审核企业递交的书面合同备案材料，通过后采用电子口岸身份认证卡生成电子手册。

3）电子账册备案制度

海关对加工贸易联网企业，依据企业经营范围和年生产能力等情况建立电子账册，以商务主管部门批准文件为依据，预先审核并办理进口材料、出口成品商品归类、归并及成品单、损耗备案等手续。

4）特殊监管区域备案制度

出口加工区、保税区等特殊监管区域内企业开展加工贸易，海关根据出口加工区或保税区管理委员会等有关部门出具的批件，审核办理所需料件以及加工成品进、出区域海关备案手续。

2. 保税物流备案制度

1）保税监管场所备案制度

海关对进、出保税仓库货物设立通关账册；对保税仓库经营范围建立电子账册；进、出保税物流中心 A 型和出口监管仓库的货物按规定予以报备及验放。

2）特殊监管区域保税物流备案制度

海关对保税物流园区、保税物流中心 B 型进、出口货物实行电子账册备案制度。

3. 保税加工核销制度

1）加工贸易纸质手册核销制度

加工贸易企业在规定的期限内必须将加工制成品复出口并向海关办理核销手续，海关确认其进口料件已全部实际出口（包括未出部分已补办进口手续或结转等解除监管手续）后，对原备案合同予以核销。

2）电子手册核销制度

H2010 电子手册经营企业应当在规定的期限内办理报核手续，海关按规定予以核销。

3）电子账册核销制度

联网监管企业实行企业定期报核、海关分段核销制度。联网企业应按照海关规定的报核周期和要求报核，海关予以办理核销手续。

4）特殊监管区域核销制度

海关对出口加工区企业规定自开展出口加工业务起每半年办理一次核销手续；海关对保税区内加工贸易企业从事的保税加工实行进口料件“滚动核销”制度。

（二）保税核查制度

保税核查制度是指海关通过综合运用风险分析、核实数据、审查单证、核对实物和检查账册等方法，依法对保税加工、保税物流货物加工、储存、流转和保税企业相关经营行为的真实性、合法性进行审核并实施监管的具体措施。

（三）保税担保制度

保税担保是企业或其他组织向海关申请从事特定的保税加工和保税物流业务或者办理特定的海关事务时，以向海关提交现金、保证函等方式，保证其行为合法性，保证在一定期限内履行其承诺的义务的法律行为。海关通过当事人提供保税担保，化解企业违规经营带来的海关监管风险，保全国家税收。

（四）内销征税制度

经有关部门批准，海关核准，对加工贸易项下企业申请保税货物转内销以及保税物流货物申请转内销（其中国家另有规定须提交相关进口许可证件，企业已按规定提供进口许可证件），海关依法征收税款的情况统一表述为“内销征税”，由此建立的制度称“内销征税制度”。

（五）风险监控制度

海关保税监管风险监控制度是指以海关保税加工和保税物流监控分析系统、风险管理平台及执法评估、执法监督系统为基础，通过对保税经营企业资信状况、产业结构、内部经营、作业方式等情况，以及保税货物国内外市场状况等风险要素进行定量或定性的风险识别、区分、选择和分析，对保税监管风险进行总体评估，确认海关保税监管风险管理目标范围的措施和方法。

（六）信息化管理制度

海关信息化管理制度是根据保税业务监管体系和保税业务管理流程再造的需要，紧密结合保税监管特点，以企业为管理单元，以电子账册为载体，对监管对象和商品设定监管标准，在确定监管要素的基础上，引入风险管理机制，设计出既能满足当前保税加工和保税物流监管业务的要求，又能适应今后一段时期改革发展需要的一体化、集约化、基于H2000环境但又相对独立的保税加工和保税物流监管信息化系统，对保税加工和保税物流监管实现信息化管理的海关管理制度。

保税监管信息化管理体系分三层架构：一是面向业务现场的保税监管作业系统，对保税加工和保税物流进行业务管理；二是面向直属海关职能管理部门的保税业务监控分析系统，提供各直属海关或各业务现场的保税业务部门进行中观和微观的风险分析，利用分析结果进行风险处置，指导业务现场开展有效核查；三是总署层面的决策辅助系统，结合国家政策导向和海关监管重点，对全国海关保税业务运行情况进行分析，动态设置和调整风险参数，为实现对全国保税监管的宏观指导提供决策辅助支持，逐步实现“耳聪目明”的智能化管理。

第三节　保税监管的模式

根据海关对特殊监管区域和场所“功能整合、政策叠加”最新研究成果及工作实践，海关新型保税监管体系框架初步确立，对特殊监管区域和保税监管场所已经逐步形成了“物理围网”和“信息围网”两种监管模式。其中，“物理围网”封闭式海关特殊监管区域、场所包括：保税港区、综合保税区、保税区、保税物流园区、保税物流中心 B 型；“信息围网”的海关保税监管场所包括：保税物流中心 A 型、进口保税仓库和出口监管仓库。在未来的一两年之内，将要逐步将现有的四个层次、七种模式的海关特殊监管区域过渡为两种模式——保税区域和保税场所，分别对应物理围网与信息围网的监管模式。

海关保税监管的模式如图 1–1 所示。

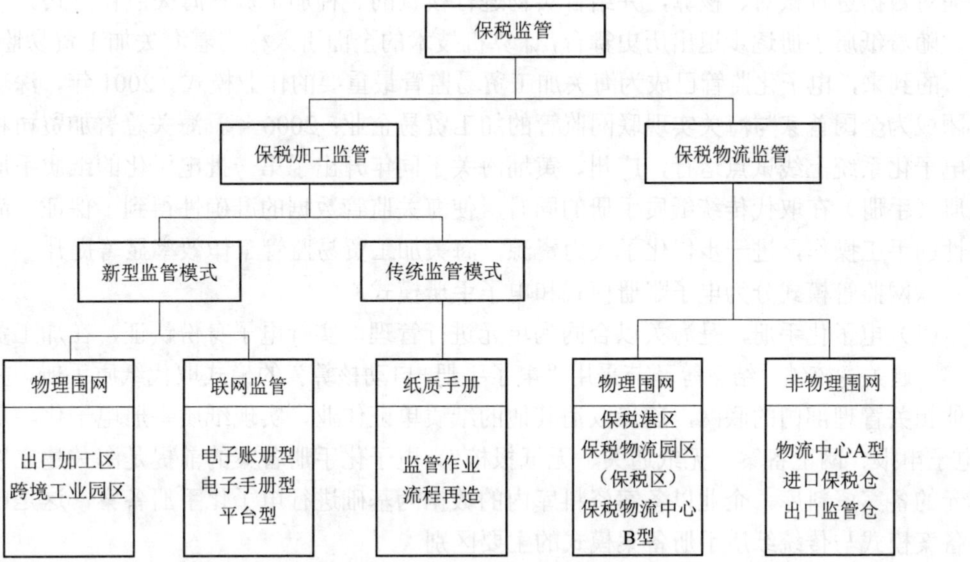

图 1–1　海关保税监管模式

一、物理围网监管模式

是指经国家批准设立海关特殊监管区域，企业在物理围网的封闭区域内从事保税加工业务，海关在卡口进行监管的监管方式。物理围网是用铁栅栏和铁丝网等围起来的，门口有守卫，人及货物不可以随便出入，把区内及区外用物理手段隔离开。

二、非物理围网监管模式

非物理围网就是通过对企业的管理账目、单证、手册等审核的方式来达到监管的目的，主要有纸质手册管理和电子联网监管两种。

（一）纸质手册管理

纸质手册管理是一种传统的监管方式，主要是用加工贸易纸质手册进行合同内容的备案，凭以进出口，并记录进口料件及出口成品的实际情况，最终凭以办理核销结案手续。这种监管方式在海关的保税加工货物监管中曾经起过相当重要的作用，但随着对外贸易和现代科技的发展，已经被联网监管所取代。

（二）电子联网监管

1. 电子联网监管的定义

海关对加工贸易企业实施计算机联网监管，简称联网监管，是指加工贸易企业通过数据交换平台或者其他计算机网络方式向海关报送能满足海关监管要求的物流、生产经营等数据，海关对数据进行核对、核算，并结合实物进行核查的一种加工贸易海关监管方式。

随着纸质手册逐步退出历史舞台，计算机技术的全面引入标志着海关加工贸易监管“E时代”的到来，电子化监管已成为海关加工贸易监管最重要的作业模式。2001年，深圳富士康集团成为全国首家与海关实现联网监管的加工贸易企业；2006年，海关总署加贸司将纸质手册电子化系统上线试点运行，广州、黄埔海关于同年开出了第一批电子化的纸质手册。电子账册（手册）在取代传统纸质手册的同时，使海关监管数据的准确性得到了保证，简化了程序性的手工操作，进一步优化了人力资源，海关加工贸易监管工作效率显著提升。

联网监管模式分为电子账册模式和电子手册模式。

（1）电子化手册，是海关以合同为单元进行管理，实行电子身份认证，在加工贸易手册备案、通关、核销、结案等环节采用“电子手册+自动核算”的模式取代纸质手册，并通过与其他相关管理部门的联网，逐步取消其他的纸质单证作业，实现纸质手册电子化，最终实现“电子申报、网上备案、无纸通关、无纸报核”。电子化手册备案的前提是海关建立以企业为单元的备案资料库，企业以备案资料库内的数据为基础进行电子化手册备案，这是电子化手册备案模式与传统纸质手册备案模式的主要区别。

（2）电子账册，是海关以企业为单元进行管理，为联网企业建立电子底账的一种新型监管模式。联网企业只设立一个电子账册。海关根据联网企业的生产情况和海关的监管需要确定核销周期，并按照该核销周期对实行电子账册管理的联网企业进行核销。当前，许多跨国公司和国外大型企业已将更高技术水平、更大增值含量的加工制造环节和研发机构转移到我国。为进一步促进加工贸易转型升级，充分利用信息技术等现代化手段，建立适应现代企业生产和物流发展的监管模式，电子账册联网监管模式已成为加工贸易监管方式改革和创新的方向。

2. 适用范围

实行联网监管的加工贸易企业，必须是具备加工贸易经营资格并在海关注册的经营企业、生产企业。海关特殊监管区域和场所内的加工贸易企业暂不实行本章所述的联网监管模式。

3. 管理方式

加工贸易联网监管的基本管理方式是“电子底账+联网核查”。电子底账是指海关根据联网企业申请，为其建立的用于记录加工贸易备案、进出口、核销等资料的电子数据库。联网核查是指海关借助相关的信息管理软件将联网企业的生产管理数据与海关底账数据进行比对、预示风险警告的一种监管手段。

海关根据企业条件评估结果，确定对企业适用的联网监管方式。企业信用等级类别为高级认证企业或一般认证企业且海关以企业为单元对其进行管理的，可实施电子账册联网监管模式；对企业信用等级为一般信用企业或以下的，海关原则上采用电子手册模式实施联网监管。对企业信誉良好、生产经营规模大、由于申请一般信用企业年限限制尚未取得一般信用企业等级等特殊情况需采用电子账册模式实施联网监管且不实行保证金台账实转的，海关可在要求企业缴纳风险担保金或提供银行担保的基础上，报海关总署做个案审批后采用电子账册联网监管模式。

主管海关经过上述评估后，将制作相关评估意见并报直属海关审批。直属海关审批通过后，将审批情况批复相关主管海关。经主管海关和直属海关审批同意实施联网监管的，主管海关即对企业签发“海关实施加工贸易联网监管通知书”。

企业在收到“海关实施加工贸易联网监管通知书”后，应在主管海关指导下做好实施联网监管的前期技术准备工作，包括联网监管系统的安装调试、申请 MQ 通道设置等。

三、保税货物的特点

1. 经审核批准

保税货物进口必须经海关依法审核批准。根据保税加工和保税仓储的商品分类和企业分类管理规定，只有符合法定条件的商品和企业才准予保税进口；根据保税加工监管规定，企业申请保税加工业务，必须经有关部门审批、海关审核备案，料件才准予保税进口。

2. 暂缓征税

经批准的保税货物，进口时无须缴纳进口关税和进口环节税。若经批准转内销，保税货物就必须缴纳进口关税和进口环节税，其中保税加工货物还须加收缓税利息。由于保税货物具有暂缓征税这一特征，在办理海关核销手续前，均置于海关监管之下。

3. 在境内储存加工

保税加工货物进境后，必须按照我国对保税加工货物的管理规定，在境内加工、装配后复运出境；特殊情况下，企业申请并经海关及有关部门认可，可以办理保税加工货物放弃、退运、内销等手续。保税物流货物进境后，根据市场需要，在货物所有人尚未最终决定货物的实际流向（复运出境或办理内销等手续）前，必须按照我国对不同保税区域（场所）储存保税货物的有关管理规定在境内存储货物。

4. 复运出境

保税加工货物一般情况下必须加工后复运出境；保税物流货物可以根据货物所有人的最终市场取向，决定保税货物或内销或复运出境。

课后练习

1. 什么是海关保税加工监管？
2. 简述海关保税监管的两种模式。

第二章

海关保税加工监管

学习目标

了解保税加工货物、电子化手册管理下的保税加工业务流程、电子账册管理下的保税加工业务流程和保税加工特殊业务的相关知识。

技能目标

能够基本准确地梳理保税加工过程及完成相关业务所需要的单证。

学习内容

本章主要介绍保税加工货物在电子化手册管理和电子账册管理中的备案、报关和核销程序。

第一节　保税加工概况

随着经济全球化、国际产业结构调整转移，我国保税加工在产业、技术不断升级的情况下，逐步成为以跨国公司经营活动为特征的经济全球化的一个有机组成部分，参与到更大范围内的国际分工体系中去，发生了量的增长和质的变化。保税加工的生产方式，已经从早期的简单加工装配发展成为具有一定技术含量和资本含量的现代化工业生产活动。产业链正开始从单纯的成品组装向上游零部件产业和下游服务产业两个方面延伸，国内配套能力和附加值也在逐步提高。目前，世界 500 强企业已经有 400 多家在我国建立了生产基地，有的还建立了研发中心和采购、分销中心，中国因此而被称为“世界工厂”。与此同时，保税加工地域差距进一步拉大，表现为沿海地区保税加工向更深层次发展，企业规模和投资强度增大，而西北地区和中部地区虽然有所发展，但相对缓慢。

针对完善和优化保税加工产业结构，推动保税加工落地生根，党的十六届三中全会明确指出：“继续发展加工贸易，着力吸引跨国公司把更高技术水平、更大增值含量的加工制造环节和研发机构转移到我国，引导加工贸易转型升级。”为保税加工发展指明了方向。为全面贯彻十六届三中全会精神，海关总署下发了《加工贸易保税监管改革指导方案》和《海关保税加工和保税物流监管改革分步实施方案》，一方面，确保将改革指导方案的改革理念转化为实际成果，另一方面，为各级海关保税监管部门提供更加具体、明确的改革“效果图”“结构图”和“施工图”，指导推进海关保税监管模式的转变和监管水平的升级，以实现促进加工贸易转型升级的目标。

一、保税加工的基本概念

（一）保税加工的含义

1. 加工贸易的含义

在对外贸易中，加工贸易是指经营企业进口全部或者部分原辅材料、零部件、元器件、包装物料（以下简称料件），经加工或者装配后，将制成品复出口的经营活动。

2. 保税加工的含义

在海关管理中，“保税货物”是指经海关批准未办理纳税手续进境，在境内储存、加工、装配后复运出境的货物。对进口料件实施保税管理的加工贸易即为“保税加工”。因此，保税加工是指经营企业经海关批准未办理纳税手续的进口料件，经加工或者装配后，将制成品复运出口的经营活动。

从理论上讲，加工贸易进口料件可以按照一般进口货物报关制度：进境时缴纳进口税费和提交相应的许可证件，料件经海关放行后可自行处置，不再接受海关监管。但在此种情形下，即使料件经境内加工后复出口，从海关管理的角度也不把此类经营活动视为加工贸易。海关管理制度中认可的加工贸易业务，料件进口时只有两种方式：一是保税进口，成品复出口后根据出口成品实际耗用的进口料件数量，免收进口关税和进口环节税；二是征税进口，成品复运出口后根据出口成品实际耗用的进口料件数量，退还已征收的进口关税和进口环节税。事实上，由于目前海关在操作层面不再实施“先征后退”方式对加工贸易业务进行管理，除另有说明外，海关、检验检疫、商务等主管部门所称的加工贸易均指保税加工，因此本书其他章节所称的加工贸易也均指保税加工。

（二）保税加工与一般进出口的比较

相较于一般进出口通关制度，采取保税加工进出口，其主要的特点是料件进口时无须办理税费缴纳手续，以及除另有规定外免于提交进口许可证件。一般进出口货物和保税加工进出口货物的比较分析见表 2–1。

表 2–1　一般进出口货物与保税加工进出口货物的比较分析

项　目	一般进出口	保税加工进出口
进出口许可证件	进口料件、出口成品属于许可证件管理范畴的，应当向海关提交进出口许可证件	除国家另有规定的以外，进口料件属于许可证件管理范畴的，免于向海关提交进口许可证件；出口成品属于国家许可证件管理范畴的，应当向海关提交出口许可证件
进出口税、费	料件进口缴纳进口关税、进口关节税；成品出口缴纳出口关税	料件进口时暂缓缴纳进口关税、进口环节税；出口成品全部耗用进口料件的，免收出口关税；若是部分耗用进口料件，则按照国产料件占所有料件的百分比征收出口关税
放行是否结关	放行即为结关	放行不是结关，海关继续监管，核销结关
海关稽查期限	自海关放行货物之日起 3 年内	加工贸易电子化手册结案之日起 3 年内，加工贸易电子账册核销之日起 3 年内
海关管理重点	与货物进出口税费、许可证件相关的商品归类、申报价格等	料件进口，组织生产，成品出口等产、供、销的全过程

（三）保税加工货物

保税加工货物包括：专为加工、装配出口产品而从国外进口且海关准予保税的原材料、零部件、元器件、包装物料、辅助材料以及在加工贸易生产过程中产生的边角料、残次品和副产品；用进口料件保税生产的半成品、成品。

1. 剩余料件

加工贸易剩余料件是指加工贸易企业在从事加工复出口业务过程中剩余的、可以继续用于加工制成品的加工贸易进口料件。

2. 残次品

加工贸易残次品，是指加工贸易企业从事加工复出口业务，在生产过程中产生的有严重缺陷或者达不到出口合同标准无法复出口的制品（包括完成品和未完成品）。

3. 副产品

加工贸易副产品是指加工贸易企业从事加工复出口业务，在加工生产出口合同规定的制成品（主产品）过程中同时产生的，且出口合同未规定应当复出口的一个或者一个以上的其他产品。

4. 边角料

加工贸易边角料是指加工贸易企业从事加工复出口业务，在海关核定的单位耗料量内（单耗）、加工过程中产生的、无法再用于加工该合同项下出口制成品的数量合理的废碎料及下脚料。

5. 受灾保税货物

受灾保税货物是指加工贸易企业在从事加工出口业务中因不可抗力原因或者其他经海关审核认可的正当理由造成灭失、短少、损毁等导致无法复出口的保税进口料件和制品。

（四）保税加工货物的特点

（1）保税加工货物的进口，必须事先在海关设立手册或账册。

（2）保税加工货物进口时无须缴纳进口关税和进口环节税，即属于保税货物。

（3）保税加工货物在境内经加工装配后复运出境，若保税加工货物转内销，须经批准，并交验进口许可证件，缴纳进口税费。

（4）保税加工货物一般须复运出境，成品出口时除另有规定外无须缴纳关税。

二、保税加工业务的经营状况

（一）保税加工货物的对外交易形式

保税加工通常有来料加工和进料加工两种形式，两者区别见表 2–2。

1. 来料加工

来料加工是指进口料件由境外企业提供，经营企业不需付汇进口，按照境外企业的要求进行加工或者装配，只收取加工费，制成品由境外企业销售的经营活动。来料加工的特点如下。

（1）由境外企业提供全部或部分料件，不用加工贸易企业对外付汇。

（2）加工贸易企业只收取合同规定的加工费，并不承担开展业务的经营风险。

（3）来料加工的进口料件和出口成品为同一协议和同一客户。

（4）由客户负责原材料采购和产品销售的加工贸易企业仅负责加工保管成品并组织相应的进出口运输。

2. 进料加工

进料加工是指由经营企业用外汇购买料件进口，制成成品后外销出口的经营活动。进料加工的特点如下。

（1）经营企业的自主采购，对进口料件拥有所有权，对外付汇。

（2）经营企业自主生产，自行销售，料件的进口合同和出口合同不需要同时签订，进口客户和出口客户不是同一客户。

（3）经营企业自负盈亏，自担风险，不仅需要加工保管成品并组织相应的进出口运输，还要承担自行采购原料和销售成品的业务开展。

表 2–2　进料加工与来料加工的区别

项　目	来　料　加　工	进　料　加　工
经营方面	1. 外商负责提供全部或部分原料，不占用经营单位外汇； 2. 出口的货物，经营单位不负责销售； 3. 加工后的成品，经营单位只有保管权，没有所有权。只收取加工费，不参与经营活动利润分配，不用承担经营风险	1. 外汇方面：经营企业要用外汇购买原料进口，成品外销再收取外汇； 2. 销售管理：经营单位自行生产、自行销售货物； 3. 风险：经营企业对货物拥有所有权，自负盈亏，自担风险
税务方面	1. 来料加工进口材料是全额免税； 2. 来料加工的加工费免征增值税、消费税； 3. 来料加工货物出口免征增值税、消费税，享受免税优惠	1. 进料加工进口时要付料件费用，但不用交增值税和消费税； 2. 进料加工没有加工费这个概念； 3. 进料加工货物出口可以享受退税优惠
海关监管要求	来料加工项下的保税料件因物权归属外商，不得进行串换	进料加工项下的保税料件经海关批准，允许与本企业内的非保税料件进行串换
审批难易	自 2004 年以来，政府开始限制来料加工的贸易方式，因此难以获得审批	进料加工方式较容易获得审批

（二）保税加工业务的经营主体

（1）由贸易或生产型加工贸易经营企业对外签约，委托加工贸易生产企业完成加工。

（2）由生产型加工贸易经营企业对外签约，并自行完成加工。

（三）保税加工业务的境内经营方式

（1）本地加工。加工贸易经营企业对外签约，自行或委托本地加工贸易生产企业完成加工，并在所在地海关办理手续。

（2）异地加工。经营企业对外签约，委托跨关区异地生产企业完成加工，并在跨关区异地生产企业所在地海关办理手续。

（3）外发加工。因受自身加工贸易企业生产特点和条件限制，经海关批准并办理有关手续，委托其他承揽者对加工贸易货物进行加工。

（4）深加工结转。加工贸易企业将加工产品转至另一加工贸易企业进一步加工后复运或返销出口。

（四）保税加工业务的特征

保税加工业务作为一种特定的生产加工方式具有以下三个主要特征。

（1）“两头在外”——供应商及客户均在境外，也就是说从事保税加工的企业的全部或部分原辅材料的采购和成品销售市场均在境外，这是保税加工的首要基本特征。

（2）料件保税——海关对保税加工进口货物实行暂缓办理纳税（包括关税和增值税），且不受贸易管制的限制，因此此类货物需接受海关监管。

（3）加工增值——保税加工的目的在于通过加工、制造、装配等过程使产品增值，从而获得加工费或者利润，因而加工增值也是保税加工的又一大特征。

三、海关保税加工监管

由于海关对保税加工进口料件实施保税管理，为防范国家税收损失，海关建立了一整套管理制度对保税加工全过程进行管理。

（一）海关保税加工管理制度的基本内容

目前，海关保税加工管理制度主要包括保税加工企业管理、保税加工手册/账册设立管理、保税加工货物进出境通关管理、保税加工中后期核查管理、保税加工核销结案管理等几个方面。

1. 保税加工企业管理

保税加工企业是保税加工业务的承担者，从其是否对外签订合同的角度可以划分为经营企业和加工企业。

1）经营企业

经营企业是指负责对外签订加工贸易进出口合同的各类进出口企业和外商投资企业，以及经批准获得来料加工经营许可的对外加工装配服务公司。

2）加工企业

加工企业是指接受经营企业委托，负责对进口料件进行加工或者装配，并且具有法人资格的生产企业，以及由经营企业设立的虽不具有法人资格，但是实行相对独立核算并已经办理工商营业证（执照）的工厂。

例如，广西华盛贸易有限公司是一家外贸公司，在和外商签订了加工贸易合同并办理了加工贸易手册之后，委托具有生产加工能力的且已在海关注册登记的广西兴泰针织厂为其加工。此时，广西华盛贸易有限公司就是加工贸易经营企业，广西兴泰针织厂则是加工贸易加工企业。

开展保税加工业务，经营企业和加工企业必须向海关办理注册登记手续；除另有规定外，经营企业应当按规定办理海关事务担保。

2. 保税加工手册/账册设立管理

根据我国相关规定，企业开展保税加工须经商务主管部门审批（广东省除外）。商务主管部门审批后，保税加工经营企业须通过设立保税手册/账册等形式向海关备案，备案的内容主要包括进口料件、出口成品、加工单耗等数据。目前，海关对保税加工备案分为以保税加工电子化手册（加工贸易合同）为单元和以企业为单元两种形式。

3. 保税加工货物进出境通关管理

保税加工货物在进出境通关时，须向海关申报保税加工手册编号等备案信息。料件进境时无须办理缴纳税费，除国家另有规定外，属于国家对进口有限制性规定的，免于向海关交验进口许可证件，货物经海关放行即可提取货物。出口制成品属于应当征收出口关税的，应按照有关规定缴纳出口关税，属于国家对出口有限制性规定的，应当向海关交验进口许可证件。

4. 保税加工中后期核查管理

在保税加工货物生产过程中或生产完成后，海关按照相关规定到加工企业对保税加工货物的进、出、转、存及生产的全过程进行核查。

5. 保税加工核销结案管理

保税加工经营活动完成后，经营企业须在规定的时间内向海关申请报核，经海关核销，办结全部海关手续后，海关结束对保税加工货物的监管。

（二）海关保税加工管理制度的特征

1. 备案保税，核销结关

经营企业只有依法办理保税加工设立手续，料件方能保税进口，同时保税加工货物必须经过海关核销后才能结关。因此，从海关管理的角度是否批准企业开展保税加工业务，要看加工贸易经营活动是否合法、货物流向是否明确、海关能否监管等几个因素。如果加工贸易进口料件或出口成品属于国家禁止开展加工贸易的范围，或者申请保税的货物在进出口环节、境内加工环节海关无法监管等，海关将不予办理保税加工备案。

2. 料件进口“免税免证”

料件进口环节，免于缴纳进口关税和进口环节增值税消费税，除另有规定外，免于提交进口许可证件，企业一方面可以少占用相当数量的现金流，同时也省却了办理进口许可证件的手续，是众多涉外企业从事加工贸易的最基本的动因。

3. 海关对保税加工过程实施全程监管

由于进口保税料件属于海关监管货物，与一般进出口货物相比，海关对保税加工货物的监管，不论是时间还是地点，均需要延伸，即海关需要对保税加工全过程实施监管。

海关对保税加工货物监管延伸体现在以下两个方面。

1）时间延伸性

保税加工的料件在进境地被提取，不是海关监管的结束，而是海关保税监管的开始，海关一直要监管到加工、装配后复运出境或办结正式进口手续止。

海关自保税加工企业向海关申请办理保税加工业务备案手续之日起至海关对保税加工手册核销结案之日止，或者自实施联网监管的保税加工企业电子底账核销周期起始之日起至其电子底账核销周期核销结束之日止，根据需要可以开展对保税加工货物及相关的保税加工企业的保税核查，同时在手册结案之日起 3 年内，账册核销 3 年内，海关有权对加工贸易企业的会计账簿、会计凭证、报关单证以及其他有关资料和有关进出口货物进行稽查。

2）地点延伸性

保税加工料件提离进境地口岸海关监管场所后，无论是存放还是加工、装配，应当在经海关备案的场所进行，并需专料专放。海关有权进入相关场所实施保税核查或稽查，未经许可将保税加工货物擅自外发加工、擅自内销转让、擅自深加工结转、擅自挪用，都可能引发行政甚至刑事处罚。

第二节 电子化手册管理下的保税加工

对保税加工货物实施手册管理是海关保税加工管理的重要措施，加工贸易手册全称为“中华人民共和国海关加工贸易手册”，也常称作海关手册，在行业内经常简称为手册。加工贸易手册原则上以加工贸易合同为单元，记载经营企业开展加工贸易所需要的进口原料数量（指标）、出口成品数量（指标）及成品对应的原料单耗情况。加工贸易手册经历了早期的纯纸质手册、后来的海关电子化纸质手册、现在的无纸化（电子化）通关手册三个阶段。目前，无纸化通关手册（电子化手册）已经全面应用，适用电子化手册管理的保税加工业务也是最为常见的保税加工业务形态。

一、电子化手册的基本概念

（一）电子化手册的含义

电子化手册是以合同管理为基础，实行电子身份认证，在加工贸易手册备案、通关、核销、结案等海关管理环节采取“电子化手册+自动核算”的模式取代传统纸质手册，最终实现“电子申报、网上备案、无纸报核”。

使用电子化手册的加工贸易企业通过数据交换平台或者其他计算机网络方式向海关报送能满足海关监管要求的备案、进出口、核销以及物流等数据。海关通过对数据进行核对、核算，并结合实物进行核查，对加工贸易企业实施监管。以企业IC卡或IKEY作为系统操作的身份认证。一个加工贸易合同建立一个电子化手册，以企业的单个加工贸易合同为单元实施对加工贸易货物的监管。

（二）电子化手册的功能

1. 规范备案预申报

建立以企业为单元的备案资料库，通过对料件、成品等申报内容的预审核，缩短企业办理电子化手册的时间，解决商品品名申报不规范、归类不准确等问题。

2. 企业网上申报

企业通过电子口岸或者第三方辅助平台向海关发送手册设立、深加工结转、外发加工、内销、核销等电子数据，进一步提高通关效率。

3. 系统自动审核

系统实现业务数据自动对碰、自动审核、自动放行、自动核扣。

（三）电子化手册编号规则

加工贸易电子化手册编号由12位阿拉伯数字和大写英文字母组成。编号规则如下：

第一位为英文字母，其中“B”表示来料加工，“C”表示进料加工，“D”表示不作价设备；第二至五位表示关区代码；第六位表示年份；第七位表示经营单位的企业性质，其中“1”

表示国有企业，“2”表示中外合作经营企业，“3”表示中外合资经营企业，“4”表示外商独资企业；第八的“5”表示电子化手册，第九至十二位是手册顺序号。

（四）电子化手册的特点

1. 具有法律效力

电子化手册是国家对开展加工贸易业务即进料加工、来料加工业务给予优惠政策的体现。加工贸易企业应依法使用手册。

2. 具有专用性

电子化手册仅供经营加工贸易业务的本企业办理加工贸易合同登记备案（变更）、货物进出口和核销之用，不得将手册转让、转借、出售。

3. 具有可变性

当加工贸易合同内容发生变化时，电子化手册备案内容可申请变更，在电子化手册周转或使用不够时，经营企业可以向海关申领电子化手册的分册、续册。

4. 具有时效性

海关根据国家对加工贸易的加工期限确定有关货物的保税期限，根据保税期限确定电子化手册的有效期，根据电子化手册的有效期确定报核期限。电子化手册有效期限到期之日起30日内企业应向海关报核，海关依法予以核销。

（五）电子化手册的优点

从实践来看，电子化手册与纸质手册相比，有以下三个方面的优越性。

1. 安全性强

对于电子化手册，中国电子口岸提供了全国统一的电子身份认证系统和数据传输安全保障机制，企业使用IC卡操作，与传统无身份认证的纸质手册相比，安全性能大大提高。

2. 效率提高

加工贸易企业只需凭电子化手册号码，即可在主管海关及口岸海关办理手册变更、通关、核查、核销等业务，无须再将纸质手册随身携带，不仅减少了来回奔波，也降低了成本。

3. 降低手册遗失风险

使用电子化手册后，加工贸易企业在各地口岸报关时无须再提供纸质手册，在多个口岸报关也无须使用分册，使因手册或分册丢失而受处罚的风险降低为零。

二、海关对加工贸易电子化手册设立的管理规定

（一）手册设立申请人及受理海关

加工贸易经营企业应当向加工企业所在地主管海关办理加工贸易货物的手册设立手续。经营企业与加工企业不在同一直属海关管辖的区域范围的，应当按照海关对异地加工贸易的管理规定办理手册设立手续，即经营企业先向所在地主管海关提出异地加工贸易申请，经所在地主管海关审核后，凭相关单证向加工企业所在地主管海关办理加工贸易手册设立手续。

（二）手册设立申报内容及设备单证

除另有规定外，经营企业办理加工贸易货物的手册设立应当向海关如实申报贸易方式、单耗、进出口口岸以及进口料件和出口成品的商品名称、商品编码、规格型号、价格和原产地等情况，并提交以下单证。

（1）主管部门签发的同意开展加工贸易业务的有效批准文件。

（2）经营企业自身有加工能力的，应当提交主管部门签发的“加工贸易企业生产能力证明”。

（3）经营企业委托加工的，应当提交经营企业与加工企业签订的委托加工合同、主管部门签发的加工企业“加工贸易加工企业生产能力证明”。

（4）经营企业对外签订的合同。

（5）海关认为需要提交的其他证明文件和材料。

（三）海关审核时限

经营企业提交齐全、有效的单证材料申报设立手册的，海关应当自接受企业手册设立申报之日起 5 个工作日内完成加工贸易手册设立手续。

（四）海关事务担保

海关按照国家规定，对加工贸易货物实行担保制度。需要办理担保手续的经营企业按照规定提供担保后，海关办理手册设立手续。

（1）有下列情形之一的，海关应当在经营企业提供相当于应缴税款金额的保证金或者银行、非银行金融机构保函后办理手册设立手续：

① 涉嫌走私，已经被海关立案侦查，案件尚未审结的；

② 由于管理混乱被海关要求整改，在整改期限内的。

（2）有下列情形之一的，海关可以要求经营企业在办理手册设立手续时提供相当于应缴税款金额的保证金或者银行、非银行金融机构的保函：

① 租赁厂房或者设备的；

② 首次开展加工贸易业务的；

③ 加工贸易手册延期两次以上（含两次）的；

④ 办理异地加工手续的；

⑤ 涉嫌违规，已经被海关立案调查，案件尚未审结的。

（五）海关不予办理手册设立的情形

加工贸易企业有下列情形之一的，不得办理手册设立手续。

（1）进口料件或者出口成品属于国家禁止进出口的。

（2）加工产品属于国家禁止在我国境内加工生产的。

（3）进口料件不宜实行保税监管的。

（4）经营企业或者加工企业属于国家规定不允许开展加工贸易的。

（5）经营企业未在规定期限内向海关报核已到期的加工贸易手册又重新申报设立手册的。

（六）其他规定

经营企业办理加工贸易货物的手册设立，申报内容、提交单证与事实不符的，海关应当按照下列规定处理。

（1）货物尚未进口的，海关注销其手册。

（2）货物已进口的，责令企业将货物退运出境。经营企业也可以向海关申请提供相当于应缴税款金额的保证金或者银行、非银行金融机构保函，并且继续履行合同。

（3）已经办理加工贸易货物手册设立手续的经营企业可以向海关领取加工贸易货物手册分册、续册。

（4）加工贸易货物手册设立内容发生变更的，经营企业应当在加工贸易手册有效期限内办理变更手续，需要报原审批机关批准的，还应当报原审批机关批准，另有规定的除外。

三、加工贸易手册设立所需的商务主管部门出具的文件

（一）加工贸易企业经营状况及生产能力证明

海关对加工贸易货物手册设立的管理规定提及的开展加工贸易业务的有效批准文件中，“加工贸易企业经营情况及生产能力证明”一般由商务主管部门出具。

“加工贸易企业经营情况及生产能力证明”简称为“生产能力证明”，是确定企业开展加工贸易业务资格和审批机构进行加工贸易业务审批的重要依据。

申请从事加工贸易的企业，须如实申报生产能力证明的各项内容，各级商务主管部门，须实地勘察，据实审核。未通过加工贸易企业经营状况及生产能力核查的企业，商务主管部门不得批准其从事加工贸易业务。

生产能力证明有效期为 1 年，加工贸易企业在生产能力证明有效期内申请的加工贸易业务总量一般不超过生产能力证明核定的总量。

企业填报生产能力证明分为两种情形：在经营企业委托加工企业开展加工时，经营企业填报表一，加工企业填报表三；经营企业自行开展生产加工时，填报表二。生产能力证明具体样式如表 2–3 所示。

表 2–3　加工贸易企业经营情况及生产能力证明（样表）

表一：加工贸易经营状况（由进出口经营企业填写）

企业名称：		
进出口企业代码：	海关注册编码：	法定代表人：
外汇登记号：	联系电话：	联系传真：
税务登记号：	邮政编码：	工商注册日期：　　年　　月　　日
基本账号及开户银行：		
地址：		
企业类型（选中画“√”）：□1. 国有企业　□2. 外商投资企业　□3. 其他企业		
海关分类评定级别（选中画“√”）：□A 类　□B 类　□C 类　□D 类（以填表时为准）		

续表

是否对外加工装配服务公司或外经发展公司的加工企业 □是 □否				
（外商投资企业填写）（万$）	注册资本：	累计实际投资总额（截至填表时）：	实际投资来源地：（按投资额度或控股顺序填写前五位国别/地区及累计金额） 1. 2. 3. 4. 5.	外商本年度拟投资额： 外商下年度拟投资额：
（非外商投资企业填写）（万￥）	注册资本：	资产总额（截至填表时）：	净资产额（截至填表时）：	本年度拟投资额： 下年度拟投资额：
研发机构： □改进型 自主型 □核心 □外围			是□ 否□ 世界500强公司投资（选择“√”） （根据美国《财富》杂志年评结果，主要考察投资主体）	
研发机构投资总额（万$）：				
产品技术水平：□A 世界先进水平 □B 国内先进水平 □C 行业先进水平				
累计获得专利情况：1. 国外（ 个） 2. 国内（ 个）				
企业员工总数：		文化程度：1. 本科以上（ ） 2. 高中、大专（ ） 3. 初中及以下（ ） （在括号内填入人数）		
经营范围：（按营业执照）				

上年度	营业额（万￥）：	利润总额（万￥）：	
	纳税总额（万￥）：	企业所得税（万￥）：	
	工资总额（万￥）：	个人所得税总计（万￥）：	
	加工贸易进出口额（万$）：	出口额（万$）：	进口额（万$）：
	进料加工进出口额（万$）：	出口额（万$）：	进口额（万$）：
	来料加工进出口额（万$）：	出口额（万$）：	进口额（万$）：
	加工贸易合同份数：	进料加工合同份数：	来料加工合同份数：
	进出口结售汇差额（万$）：	出口结汇额（万$）：	进口售汇额（万$）：
	进料加工结售汇差额（万$）：	进料加工结汇（万$）：	进料加工售汇（万$）：
	加工贸易转内销额（万$）：	内销补税额：（万￥含利息）	来料加工（工缴费 万$）：
	内销主要原因：1. 国外市场方面 2. 国外企业方面 3. 国外法规调整 4. 客户 （可多项选择） 5. 国内市场方面 6. 国内企业方面 7. 国内法规调整 8. 产品质量		
	深加工结转总额（万$）：	转出额（万$）：	转进额（万$）：
	本企业采购国产料件额（万￥）：（不含深加工结转料件和出口后复进口的国产料件）		
	国内上游配套企业家数：	国内下游用户企业家数：	
	直接出口订单来源：□A 跨国公司统一采购 □B 进口料件供应商 □ C 自有客户 □D 其他客户		

续表

上年度加工贸易主要进口商品（按以下分类序号选择“√”，每类可多项选择） 大类：□1. 初级产品 □2. 工业制成品 中类：□A 机电 □B 高新技术 □C 纺织品 □D 工业品 □E 农产品 □F 化工产品 小类：□a 电子信息 □b 机械设备 □c 纺织服装 □d 鞋类 □e 旅行品、箱包 □f 玩具 □g 家具 □h 塑料制品 □I 金属制品 □j 其他 □k 化工产品		
上年度加工贸易主要出口商品（按以下分类序号选择“√”，每类可多项选择） 大类：□1. 初级产品 □2. 工业制成品 中类：□A 机电 □B 高新技术 □C 纺织品 □D 工业品 □E 农产品 □F 化工产品 小类：□a 电子信息 □b 机械设备 □c 纺织服装 □d 鞋类 □e 旅行品、箱包 □f 玩具 □g 家具 □h 塑料制品 □I 金属制品 □j 其他 □k 化工产品		
企业承诺：以上情况真实无讹并承担法律责任	法定代表人签字：	企业盖章 年 月 日
商务部门审核意见：	审核人：	审核部门签章 年 月 日
备注：		

说明：
1. 有关数据如无特殊说明均填写上年度数据；
2. 如无特别说明，金额最小单位为“万美元”和“万元”；
3. 涉及数值、年月均填写阿拉伯数字；
4. 进出口额、深加工结转额以海关统计或实际发生额为准；
5. 此证明自填报之日起有效期为一年。

表二：加工贸易经营状况及生产能力证明

［由各类有进出口经营权的生产型企业（含外商投资企业）填写］

企业名称：				
进出口企业代码：	海关注册编码：		法定代表人：	
外汇登记号：	联系电话：		联系传真：	
税务登记号：	邮政编码：		工商注册日期： 年 月 日	
基本账号及开户银行：				
经营企业地址：				
加工企业地址：				
企业类型（选中画“√”)：□1. 国有企业 □2. 外商投资企业 □3. 其他企业				
海关分类评定级别（选中画“√”)：□A 类 □B 类 □C 类 □D 类（以填表时为准）				
（外商投资企业填写）（万$）	注册资本：	累计实际投资总额（截至填表时）：	实际投资来源地：（按投资额度或控股顺序填写前五位国别/地区及累计金额） 1. 2. 3. 4. 5.	外商本年度拟投资额： 外商下年度拟投资额：

续表

（非外商投资企业填写）（万￥）	注册资本：	资产总额（截至填表时）：	净资产额（截至填表时）：	本年度拟投资额： 下年度拟投资额：

研发机构数量： □改进型 自主型 □核心 □外围	是□ 否□ 世界500强公司投资（选择“√”） （根据美国《财富》杂志年评结果，主要考察投资主体）
研发机构投资总额（万美元）：	

产品技术水平：□A 世界先进水平 □B 国内先进水平 □C 行业先进水平

累计获得专利情况：1. 国外（ 个） 2. 国内（ 个）

企业员工总数：	文化程度：1. 本科以上（ ） 2. 高中、大专（ ） 3. 初中及以下（ ） （在括号内填入人数）

经营范围：（按营业执照）

<table>
<tr><td rowspan="16">上年度</td><td>营业额（万￥）：</td><td colspan="2">利润总额（万￥）：</td></tr>
<tr><td>纳税总额（万￥）：</td><td colspan="2">企业所得税（万￥）：</td></tr>
<tr><td>工资总额（万￥）：</td><td colspan="2">个人所得税总计（万￥）：</td></tr>
<tr><td>加工贸易进出口额（万$）：</td><td>出口额（万$）：</td><td>进口额（万$）：</td></tr>
<tr><td>进料加工进出口额（万$）：</td><td>出口额（万$）：</td><td>进口额（万$）：</td></tr>
<tr><td>来料加工进出口额（万$）：</td><td>出口额（万$）：</td><td>进口额（万$）：</td></tr>
<tr><td>加工贸易合同份数：</td><td>进料加工合同份数：</td><td>来料加工合同份数：</td></tr>
<tr><td>进出口结售汇差额（万$）：</td><td>出口结汇额（万$）：</td><td>进口售汇额（万$）：</td></tr>
<tr><td>进料加工结售汇差额（万$）：</td><td>进料加工结汇（万$）：</td><td>进料加工售汇（万$）：</td></tr>
<tr><td>加工贸易转内销额（万$）：</td><td>内销补税额：（万￥含利息）</td><td>来料加工（万$工缴费）：</td></tr>
<tr><td colspan="3">内销主要原因：□1. 国外市场方面 □2. 国外企业方面 □3. 国外法规调整 □4. 客户
（可多项选择） □5. 国内市场方面 □6. 国内企业方面 □7. 国内法规调整 □8. 产品质量</td></tr>
<tr><td>深加工结转总额（万$）：</td><td>转出额（万$）：</td><td>转进额（万$）：</td></tr>
<tr><td colspan="3">本企业采购国产料件额（万￥）：（不含深加工结转料件和出口后复进口的国产料件）</td></tr>
<tr><td>国内上游配套企业家数：</td><td colspan="2">国内下游用户企业家数：</td></tr>
<tr><td colspan="3">直接出口订单来源：A 跨国公司统一采购 B 进口料件供应商 C 自有客户 D 其他客户</td></tr>
</table>

上年度加工贸易主要进口商品（按以下分类序号选择“√”，每类可多项选择）

大类：□1. 初级产品 □2. 工业制成品

中类：□A 机电 □B 高新技术 □C 纺织品 □D 工业品 □E 农产品 □F 化工产品

小类：□a 电子信息 □b 机械设备 □c 纺织服装 □d 鞋类 □e 旅行品、箱包 □f 玩具

□g 家具 □h 塑料制品 □I 金属制品 □j 其他 □f 化工产品

上年度加工贸易主要出口商品（按以下分类序号选择“√”，每类可多项选择）

大类：□1. 初级产品 □2. 工业制成品

中类：□A 机电 □B 高新技术 □C 纺织品 □D 工业品 □E 农产品 □F 化工产品

小类：□a 电子信息 □b 机械设备 □c 纺织服装 □d 鞋类 □e 旅行品、箱包 □f 玩具

□g 家具 □h 塑料制品 □I 金属制品 □j 其他 □f 化工产品

续表

生产能力	厂房面积：（平方米）	仓库面积：（平方米）	生产性员工人数：
	生产加工范围：		
	生产规模：（主要产出成品数量及单位）		
	累计生产设备投资额（万$）：（截至填表时）		
	上年度生产设备投资额（万$）：		
	累计加工贸易进口不作价设备额（万$）：（截至填表时）		
企业承诺：以上情况真实无讹并承担法律责任		法定代表人签字：	企业盖章 年 月 日
商务部门审核意见：		审核人：	审核部门签章 年 月 日
备注：			

说明：

1. 有关数据如无特殊说明均填写上年度数据；
2. 如无特别说明，金额最小单位为“万美元”和“万元”；
3. 涉及数值、年月均填写阿拉伯数字；
4. 只统计本企业既为经营企业又为加工企业的加工贸易业务，受委托的从事加工贸易业务由相关经营企业统计；
5. 进出口额、深加工结转额以海关统计或实际发生额为准；
6. 此证明自填报之日起有效期为一年。

表三：加工贸易生产能力证明（由无进出口经营权、承接委托加工贸易业务的企业填写）

企业名称：			
企业代码：	海关代码：	法定代表人或企业负责人：	
税务登记号：	外汇登记号：	注册时间：	
基本账号及开户银行：			
联系电话/传真：			
通信地址及邮编：			
企业类型（选中画“√”）：□1. 国有企业 □2. 外商投资企业 □3. 其他企业			
海关分类评定级别（选中画“√”）：□A 类 □B 类 □C 类 □D 类（以填表时为准）			
是否对外加工装配服务公司或外经发展公司的加工企业 □ 是 □ 否			
注册资本（万￥）：	资产总额（万￥）：（截止填表时）	净资产额（万￥）：（截止填表时）	本年度拟投资额（万￥）： 下年度拟投资额（万￥）：
研发机构数量：□改进型 自主型 □核心 □外围			
研发机构投资总额（万$）：			
产品技术水平：□A 世界先进水平 □B 国内先进水平 □C 行业先进水平			
累计获得专利情况：1. 国外（ 个） 2. 国内（ 个）			

续表

<table>
<tr><td colspan="2">企业员工总数：</td><td colspan="2">文化程度：1. 本科以上（　　）　2. 高中、大专（　　）
3. 初中及以下（　　）（在括号内填入人数）</td></tr>
<tr><td colspan="4">经营范围：（按营业执照）</td></tr>
<tr><td rowspan="13" colspan="1">上年度</td><td colspan="2">总产值（万￥）：（进料加工企业填写）</td><td>出口额（万$）：（来料加工企业填写）</td></tr>
<tr><td colspan="2">营业额（万￥）：（进料加工企业填写）</td><td>工缴费（万$）：（来料加工企业填写）</td></tr>
<tr><td colspan="3">利润总额（万￥）：</td></tr>
<tr><td colspan="2">纳税总额（万￥）：</td><td>企业所得税（万￥）：</td></tr>
<tr><td colspan="2">工资总额（万￥）：</td><td>个人所得税总计（万￥）：</td></tr>
<tr><td colspan="2">加工贸易进口料件总值（万$）：</td><td>加工贸易出口成品总值（万$）：</td></tr>
<tr><td colspan="2">进料加工合同份数：</td><td>来料加工合同份数：</td></tr>
<tr><td colspan="2">进料加工进口料件总值（万$）：</td><td>进料加工出口成品总值（万$）：</td></tr>
<tr><td colspan="2">加工贸易转内销额（万$）：</td><td>内销补税额：（万￥，含利息）</td></tr>
<tr><td colspan="3">内销主要原因：□1. 国外市场方面　□2. 国外企业方面　□3. 国外法规调整（可多项选择）
□4. 国内市场方面　□5. 国内企业方面　□6. 国内法规调整
□7. 客户　□8. 产品质量</td></tr>
<tr><td colspan="2">深加工结转转入料件总值（万$）：</td><td>深加工结转转出料件总值（万$）：</td></tr>
<tr><td colspan="3">国内上游配套企业家数：</td><td>国内下游用户企业家数：</td></tr>
<tr><td colspan="4">本企业采购国产料件额（万$）：</td></tr>
<tr><td colspan="4">上年度加工贸易主要投入商品（按以下分类序号选择“√”，每类可多项选择）
大类：□1. 初级产品　□2. 工业制成品
中类：□A 机电　□B 高新技术　□C 纺织品　□D 工业品　□E 农产品　□F 化工产品
小类：□a 电子信息　□b 机械设备　□c 纺织服装　□d 鞋类　□e 旅行品、箱包　□f 玩具
□g 家具　□h 塑料制品　□I 金属制品　□j 其他　□k 化工产品</td></tr>
<tr><td colspan="4">上年度加工贸易主要产出商品（按以下分类序号选择“√”，每类可多项选择）
大类：□1. 初级产品　□2. 工业制成品
中类：□A 机电　□B 高新技术　□C 纺织品　□D 工业品　□E 农产品　□F 化工产品
小类：□a 电子信息　□b 机械设备　□c 纺织服装　□d 鞋类　□e 旅行品、箱包　□f 玩具
□g 家具　□h 塑料制品　□I 金属制品　□j 其他　□k 化工产品</td></tr>
<tr><td rowspan="4">生产能力</td><td colspan="2">厂房面积：</td><td>仓库面积：</td></tr>
<tr><td colspan="3">生产规模：（主要产出成品数量及单位）</td></tr>
<tr><td colspan="3">累计生产设备投资额（万$）：（截至填表时）</td></tr>
<tr><td colspan="3">累计加工贸易进口不作价设备额（万$）：（截至填表时）</td></tr>
<tr><td colspan="2">企业承诺：以上情况真实无讹并愿承担法律责任</td><td>法定代表人签字：</td><td>企业盖章
年　月　日</td></tr>
<tr><td colspan="2">商务部门审核意见：</td><td>审核人：</td><td>审核部门签章
年　月　日</td></tr>
</table>

续表

备注：	

录入人员姓名　　　　　　录入日期

填表说明：

1. 有关数据如无特殊说明均填写上年度数据；
2. 如无特殊说明，金额最小单位为”万美元”和”万元”；
3. 涉及数值、年月均填写阿拉伯数字；
4. 进出口额、深加工结转额以海关统计或实际发生额为准；
5. 此证明自填报之日起有效期为一年。

（二）加工贸易业务批准证

加工贸易业务批准证，样式见表 2–4，是指经营企业向商务主管部门申请开展加工贸易业务，由商务主管部门核发的加工贸易业务批准文件。

加工贸易企业凭生产能力证明等材料向商务主管部门办理加工贸易业务批准证。

表 2–4　加工贸易业务批准证申请表

1. 经营企业名单：		4. 加工企业名称：	
2. 经营企业地址、联系人、电话：		5. 加工企业地址、联系人、电话：	
3. 经营企业类型：国有企业		6. 生产企业类型：	
经营企业编码：		生产企业编码：	
7. 加工贸易类别：		8. 来料加工项目协议号：	
进料加工	9. 进口合同号：	来料加工	12. 合作外商：
	10. 出口合同号：		13. 合同号：
	11. 客供料合同号：		14. 加工费（美元）：
15. 进口主要料件（目录清单）：		18. 出口主要制成品（目录清单）：	
16. 进口料件总值（美元）：		19. 出口制成品总值：	
17. 进口口岸：		20. 出口口岸：	
21. 出口制成品返销截止日期：		22. 加工地主管海关：	
23. 加工企业生产能力审查单位：		24. 经营企业银行基本账号：	

续表

<table>
<tr><td>25. 选择说明：</td><td></td><td rowspan="6">27. 备注</td><td>28.</td></tr>
<tr><td colspan="2">（√）1. 本合同项下产品不涉及地图内容，不属于音像制品、印刷品。</td><td>经办人：</td></tr>
<tr><td colspan="2">（ ）2. 本合同项下产品涉及地图内容，已取得国家测绘局批准文件。</td><td>审核：</td></tr>
<tr><td colspan="2">（ ）3. 本合同项下产品属于音像制品、印刷品，已取得省级新闻出版行政机关批准文件。</td><td>签发：</td></tr>
<tr><td colspan="2" rowspan="2">26. 申请人声明：本企业的生产经营和所加工产品符合国家法律、法规的规定。</td><td>日期：</td></tr>
<tr><td>（此栏由审判机关使用）</td></tr>
</table>

四、单耗管理

单耗是计算加工贸易出口成品耗用原材料量的关键数据，是海关对加工贸易企业进口保税料件加工生产产品实施备案、核销的依据。单耗管理贯穿于加工贸易海关监管业务的全过程，是指海关加工贸易监管业务中的核心工作。

（一）单耗及相关概念

1. 单耗的定义

单位耗料量，是指加工贸易企业在正常生产条件下加工生产单位出口成品所耗用的进口料件的数量，简称单耗。

2. 单耗的分类

单耗分为净耗和工艺损耗两类。

（1）“净耗”是指在加工后，料件通过物理变化或化学反应存在或转化到单位成品中的料件的量。

（2）“工艺损耗”是指因加工工艺要求，料件在正常加工过程中除净耗外所必需耗用但不能存在或转化到成品中的量，包括有形损耗和无形损耗。

无形损耗，是指在加工生产过程中，由于物质自身性质或者经济、技术方面的原因，以气体、液体或者粉尘形态进行排放的不能或者不再回收的部分。工艺损耗中无形损耗以外的部分即是有形损耗。

例如，东莞腾辉加工厂用登记手册进口了 200 吨不锈钢来生产螺钉，生产出 160 吨螺钉并全部出口，生产过程中产生了 40 吨废屑，则 160 吨不锈钢就是净耗，40 吨是损耗。这 40 吨为什么是损耗而不是工艺损耗呢？因为损耗的范围，有可能大于工艺损耗，也有可能两者在数量上是相等的，但是两者在海关的待遇却不尽相同，海关对于工艺损耗可以保税核销，但损耗就不一定了。

不列入工艺损耗的情形：因突发停电、停水、停气或者其他人为原因造成保税料件、半成品、成品的损耗，因丢失、破损等原因造成的保税料件、半成品、成品的损耗，因不可抗力造成保税料件、半成品、成品灭失、损毁或者短小的损耗，因进口保税料件和出口成品的品质、规格不符合合同要求造成用料增加的损耗，因工艺性配料所用的非保税料件所产生的损耗，加工过程中消耗性材料的损耗。

这些损耗因不属于加工生产过程中工艺加工所必需而且无规律可循，主观认定的差异性较大，不适宜规定统一的损耗。出现上述损耗，原则上应由企业加强管理，提高劳动人员技术水平和熟练程度，依据买卖双方合同条款或保险赔付条款自行解决。特殊问题（地区性自然灾害造成保税货物等的损毁）可通过加工企业申请，直属海关上报，海关总署按程序审批的办法解决。

工艺损耗率，是指工艺损耗占所耗用料件的百分比。

上述几个概念之间的关系可用公式表示为

单耗=净耗+工艺损耗=净耗÷（1–工艺损耗率）

3. 单耗的适用范围

加工贸易单耗标准适用于海关特殊监管区域、保税监管场所外的加工贸易企业单耗的备案和核销，以及延伸至货物通关环节审核及查验业务中。对海关特殊监管区域、保税监管场所内的加工贸易企业的成品单耗，不适用加工贸易单耗标准。

4. 单耗标准管理

1）单耗标准的分类

单耗标准分国家单耗标准和关区单耗标准。

（1）国家单耗标准。

海关总署会同国家有关部门制定并颁布全国海关统一适用的加工贸易商品单耗标准。国家单耗标准适用于全国海关对加工贸易企业进口保税料件进行备案和核销的管理，各级海关必须严格执行，不得突破国家标准。

（2）关区单耗标准。

对尚未制定国家单耗标准的加工贸易成品，由直属海关根据单耗制定原则结合本关区内加工企业的加工，实际制定公布适用本关区范围的单耗标准，但也可以是在已有国家标准下根据关区的加工特点进一步细化的数据标准，其细化的数据应在国家标准以内。对关区单耗标准，其隶属海关和业务处在办理加工贸易进口保税料件的备案、核查和核销时，所核销的单耗不得突破标准。

2）标准应用范围

国家单耗标准适用于中华人民共和国关境内（特殊监管区域、保税监管场所除外）的单耗管理，关区单耗标准仅适用于直属海关范围内（特殊监管区域、保税监管场所除外）的单耗管理。

（二）消耗性物料管理

根据《中华人民共和国海关法》的规定，保税货物的最终流向应是复运出境，不能复运出境就失去保税货物的特征，应当按照有别于保税备案核销的海关监管方式办理相应的进口手续。消耗性物料不能以质量形式物化到出口成品中，无法建立起以产品为单元的核销机制，除列明的消耗性物料外海关不予保税核销。

1. 消耗性物料的界定

消耗性物料是指加工贸易企业为加工复出口（含深加工结转产品）而进口的、直接用于加工过程中的但又完全不物化于（部分物化的纳入单耗管理）产品中的消耗掉的物料（包括物品和材料）。

（1）消耗性物品一般指加工生产过程中所用的工具类物品，是生产设备或检测装置的一部分或其延伸的部分。其特点是：为加工生产所必需，与加工设备相对分离，作用于加工料件，比生产设备检测装置折旧快，更换频繁，但最终不物化到出口成品中。

例如：生产设备工具用的易损零部件（钻头、钻嘴、砂轮、布轮、针嘴、焊嘴、刀片等）；用于设备工具维护保养的易耗品（润滑油、机油、机用除油剂、除油粉、清洗剂、印刷用菲林、PS 版等）；加工或维修用的五金工具、器具、校正用量具（锉、刀、剪、各类着色笔等）；加工所用的各类刀具、钻具、磨具、楦具、磨料、砂纸；劳保防护用品和用具（防尘、防静电衣、裤、帽、鞋、手套、口罩，以及擦拭棉签、滤纸滤布滤网及盛装的器皿等）；产品质量检测用品等（检测纸、检测带、检测光盘、检测针、检测笔等）。

（2）消耗性材料是指参与或作用于出口产品的生产加工或反应过程，但最终不物化到出口成品中的材料，如光致抗蚀干膜、催化剂、触媒剂、洗涤剂、各类助剂等。

催化剂又称触媒剂，是一类能够改变化学反应速度而本身不进入最终产物的分子组成中的物质。催化剂可以由一种物质或几种物质组成，也可以是组成结构非常复杂的体系。常用的有：金属催化剂、金属氧化物催化剂、硫化物催化剂、酸碱催化剂、络合催化剂、生物催化剂等。催化剂性能的主要指标是活性、选择性及使用寿命。多数具有工业意义的化学转换过程是在催化剂作用下进行的。

洗涤剂是具有去污作用的物质，用于洗净皮肤、纤维、金属表面上所附着的污垢。作用机理是在水溶液中能够降低水的表面张力，发生湿润、乳化、分散和气泡等作用。天然的洗涤剂有皂荚素、胆汁和胰腺等。人造的多属于表面活性剂，如肥皂和合成洗涤剂，也包括有去污作用的无机物，如纯碱、甲碱、硼砂、磷酸钠和水玻璃等。洗涤剂在习惯上常指合成洗涤剂。

磨料是磨具在对加工对象表面进行打磨抛光时所需的一类助剂的统称。

燃料是指在经济特区内为加工出口产品提供电力能源而使用的发电机燃油料（柴油或重油）。

物品和材料统称为消耗性物料，均不构成成品的质量组成部分。消耗性材料比消耗性物料更难以区分，尤其是物化量很少的原材料更难鉴别。

（3）消耗性物料主要范围。

① 刀具（车刀、钳工具、铣刀、刨刀）；

② 钻具（钻针、钻嘴、钻头、卡盘）；

③ 磨具（用于抛光研磨的轮、纸、布）；

④ 磨料（用于抛光润滑降温的油品、蜡、磨粉等）；

⑤ 模具（注版、楦头）；

⑥ 模版（PS 版）；

⑦ 模片（印刷底版）；

⑧ 网版（纺织印染图案的离型纸等）；

⑨ 器皿（如盛装反应物的坩埚等）；

⑩ 物品（所需的着装、器具和清洁用品等）；

⑪ 仪器（用于质量检测的测试带、光盘、光碟）；

⑫ 用品（复印纸、针、电池等）。

2. 如何理解“物化”

物化是指加工生产过程中，原材料通过物理变化或化学反应，以质量（kg）形式转化并存在于成品组成的过程。残留不是物化。

对组装型企业，物化是为了达到合同约定的制成品质量和功能需要，原材料（零部件）根据工艺技术设计要求，通过物理变化的机械组合产品。零部件多一件没用，少一件不行。（包括合同要求的配件）

对加工型企业，物化是为了达到合同约定的制成品质量和功能的需要，原材料通过介质，以分子或离子方式发生化学反应而产生的新化合物。新化合物不包括残留物。单位物化量小于出口单位制成品 MG 数量级的应视为不物化。

3. 海关对消耗性物料的管理

消耗性物料的认定和监管一直是海关加工贸易监管中的难点，也是加工贸易企业关注的一个热点问题。

（1）对于“三资”（即外商独资、中外合资和中外合作）企业加工贸易进口的消耗性物料的管理，除列明的触媒剂、催化剂、磨料、燃料可以保税备案外，其他一律征税进口。

（2）对于非“三资”企业加工贸易进口的消耗性物料的管理，目前，外（工）贸公司等非“三资”企业加工贸易项下进口的消耗性物料，分为以下四种情况进行管理：

① 对随进料加工原材料一同进口，直接用于进料加工产品出口，并在加工过程中全部或部分消耗掉，或者物化在成品中、数量合理的石墨电极、石油焦、煤以及染化剂、洗涤剂、催化剂、触媒剂等化学物品，按进料加工有关规定予以备案，进口按比例征税，按核定的耗用量进行监管核销。

② 对单独进口（原材料为国产或非保税），用于加工出口产品的消耗性材料，如染化剂、洗涤剂、催化剂、触媒剂等化学产品，可按进料加工予以备案，进口时按比例征税。但其加工成品属于海关应征出口税的商品，因使用的主要原材料是国产国内生产的，产品仍按规定征收出口税。

③ 对单独进口用于加工出口产品的消耗性材料，如石墨电极、石油焦、煤等，由于其本身在加工过程中只起加热等一般作用，只能作为一般贸易进口物品办理进口手续。

④ 以下物料不得按消耗性物料进行保税：生产设备、工具的易损件，如钻头、钻嘴、砂轮、刀片等；易耗品，如机油、润滑油、印刷用的菲林、PS 版等；检测物料，如检测纸、检测带、检测光盘、检测针等；劳保、防护、防尘、防静电用的工作衣、帽、手套等。

五、银行保证金台账管理

（一）银行保证金台账制度

经营加工贸易单位或企业在加工贸易合同签订后，经外经贸主管部门和海关批准，按合同备案料件金额向指定银行申请设立加工贸易进口料件保证金台账，加工成品在规定的加工期限内全部出口，经海关核销后，由银行核销保证金台账的制度。

加工贸易银行保证金台账是国家对加工贸易业务管理的一项制度，加工生产企业主管海关所在地的中国银行、中国工商银行的分（支）行各银行（自 2014 年 8 月 18 日起，在南京、青岛、广州、黄埔海关辖区部分业务现场新增中国光大银行开展台账业务试点）是台账设立、核销的办事机构，海关是台账设立和核销的重要环节之一。

（二）银行保证金台账制度的具体内容

1. 对加工贸易商品实行分类管理

为了逐步优化加工贸易产品结构，引导加工贸易向高技术、高附加值方向发展，根据国家产业政策要求，对加工贸易实行分类管理，将加工贸易商品分为加工贸易禁止类、限制类和允许类。

（1）加工贸易禁止类商品，不能开展加工贸易。

（2）加工贸易限制类商品，实行银行保证金台账“实转”。即涉及此类商品的加工贸易时，企业需要实际缴纳一定金额的保证金。具体而言就是加工贸易企业进口限制类料件时海关按应征关税和进口环节增值税税款收取一定比例的保证金，企业在规定期限内加工出口，并办理核销后再将保证金及利息予以退还。

（3）加工贸易允许类商品，若仅从商品分类的角度来看是不需缴纳“实转”保证金的，也就是说 B 类以上企业对于此类商品的加工贸易业务实行保证金“空转”。但开展允许类商品加工贸易的企业最终是否需要缴纳银行保证金，还需要综合考虑加工企业的类别来确定。

2. 对加工贸易企业分类管理

自 2014 年 12 月 1 日起，海关对企业实行信用管理，适用 AA 类管理的企业过渡为高级认证企业；适用 A 类管理的企业过渡为一般认证企业；适用 B 类管理的企业过渡为一般信用企业；适用 C 类、D 类管理的企业，海关按照相关规定重新认定企业信用等级。

企业按照海关信用管理分类缴纳台账保证金，在规定期限内加工成品出口并办理核销结案手续后，保证金及利息予以退还。

（1）对管理方式为“实转”的 81 个商品编码，高级认证企业与一般认证企业实行“空转”管理（无须缴纳台账保证金），东部地区一般信用企业缴纳按实转商品项下保税进口料件应缴进口关税和进口环节增值税之和 50%的保证金；对其他 370 个商品编码，高级认证企业、一般认证企业与一般信用企业均实行“空转”管理。

（2）经营企业及其加工企业同时属于中西部地区的，开展限制类商品加工贸易业务，高级认证企业、一般认证企业和一般信用企业实行银行保证金台账“空转”管理。

（3）失信企业开展限制类商品加工贸易业务均须缴纳 100%台账保证金。

中西部地区是指除东部地区以外的其他地区。东部地区包括北京市、天津市、上海市、辽宁省、河北省、山东省、江苏省、浙江省、福建省、广东省。

对于同一本加工贸易手册，如果经营企业和加工企业的管理类别不一致，海关以较低企业的类别进行管理。

具体如表 2-5 所示。

表 2–5　加工贸易银行保证金台账分类管理一览

<table>
<tr><th rowspan="2">商品类别
企业类别</th><th rowspan="2">允许类</th><th colspan="2">限 制 类</th><th rowspan="2">禁止类</th></tr>
<tr><th>东　部</th><th>中西部</th></tr>
<tr><td>高级认证企业</td><td>不转</td><td colspan="2">81 个目录“实转”：空转</td><td rowspan="5">禁止开展加工贸易</td></tr>
<tr><td>一般认证企业</td><td rowspan="3">空转</td><td colspan="2">370 个：空转</td></tr>
<tr><td rowspan="2">一般信用企业</td><td>81 个目录“实转”：半实转</td><td rowspan="2">空转</td></tr>
<tr><td>370 个：空转</td></tr>
<tr><td>失信企业</td><td colspan="3">实转</td></tr>
</table>

3. 台账保证金计算

（1）进口料件属限制类商品或进口料件、出口成品均属限制类商品。

台账保证金=（进口限制类料件的进口关税+进口限制类料件的进口增值税）×50%

（2）出口成品属限制类商品

台账保证金=进口料件备案总值×（限制类成品备案总值÷全部出口成品备案总值）×22%×50%

（3）适用失信企业管理的企业从事限制类商品加工贸易

台账保证金=（进口全部料件的进口关税+进口全部料件的进口增值税）×100%

（4）适用高级认证企业、一般认证企业、一般信用企业，不管在什么地区，进口料件（无论是限制类还是允许类商品）金额在 1 万美元及以下的，不设台账（不转）。

六、与加工贸易手册设立相关的特殊管理规定

（一）相关贸易管理措施

1. 关税配额农产品管理

关税配额农产品包括小麦、玉米、大米、豆油、菜籽油、棕榈油、食糖、棉花、羊毛及毛条。加工贸易手册进口上述商品时限不超过 6 个月（食糖为不超过 3 个月）。上述商品设立手册时需提交省级商务部门审批的“加工贸易业务批准证”。

2. 废物管理

在《限制进口类可用作原料的固体废物目录》或《自动许可进口类可用作原料的固体废物目录》列名的废物可以作为加工贸易进口料件，设立手册时需提交“限制进口类可用作原料的固体废物进口许可证”及复印件。

3. 需省级商务部门审批的商品管理

料件：聚酯切片、棉花、食糖、羊毛、植物油、原油、成品油、甘草及甘草制品、冻鸡、生皮。

成品：白银、锌、石蜡、成品油、汽车、卫星电视接收设施。

加工贸易手册中涉及以上商品的，在设立手册时需提交省级商务部门的加工贸易批准证。

4. 其他特殊监管条件管理

生皮、音像制品、印刷品、冻鸡、附有地图产品等在进行加工贸易手册设立时，应提交相关管理部门的批准证件。

黄金及其制品在内销时应提交相关管理部门的批准证件。

（二）客供辅料管理

服装的辅料（如拉链、纽扣等）在 78 种范围之内且进口总值在 5 000 美元以下（含 5 000 美元）的，可以办理“辅料登记表”，不进行手册设立管理。

（三）出口纳税管理

加工贸易手册项下出口应税商品，应在手册备注栏中注明出口成品中使用的国产料件占

全部料件的价值比例。

七、备案资料库

企业对加工贸易料件和成品按照《中华人民共和国进出口税则》(以下简称《进出口税则》)等有关规定进行商品归类，并填制备案资料库的基本信息、料件和成品表向海关备案，海关予以审核并建立备案资料库。

（一）备案资料库建立

备案资料库，以企业为监管单元建立，备案的料件和成品可以是企业料号级加工贸易料件、成品归并后的结果。

企业申请建立加工贸易备案资料库，应提交以下单证："加工贸易电子化手册备案资料库备案审批表"，企业建立备案资料库申请，加工贸易企业经营状况及生产能力证明（复印件），必要时提供备案资料库料件、成品图片，加工贸易企业填制"备案资料库基本信息预录入呈报表""备案资料库进口料件预录入呈报表""备案资料库出口成品预录入呈报表"。

备案资料库企业预录入如下。

（1）企业如果采用自行录入方式，可以在通关系统企业端"备案资料库"模块录入，申报备案资料库备案数据，并以报文的形式向主管海关发送。

（2）如果采用委托录入方式，应填写"备案资料库基本信息预录入呈报表""备案资料库进口料件预录入呈报表""备案资料库出口成品预录入呈报表"提供给该代理录入单位办理数据录入手续。

料件、成品等数据信息，包括货号、商品编码、商品名称、计量单位，应按照《中华人民共和国海关进出口商品规范申报目录》(以下简称《规范申报目录》)中相应商品所列申报要素的各项内容填写。

经海关审核通过，建立备案资料库，企业资料库可办理数据变更手续。

（二）备案资料库变更

企业申请变更加工贸易备案资料库，应提交以下单证："加工贸易电子化手册备案资料库变更审批表"，企业变更备案资料库申请，加工贸易企业经营状况及生产能力证明（复印件），必要时提供备案资料库料件、成品图片，"备案资料库出口成品预录入呈报表"。

已由海关审核通过的备案资料库内容，企业只能申请变更商品编码，不能申请变更已备案的商品名称、规格型号等。

企业申请修改已备案的商品名称和规格型号的，只能申请新增变更，即在备案资料库增加新的备案项。

（三）备案资料库的暂停执行或删除

加工贸易企业出现下列情形之一，已备案的备案资料库可作"暂停执行"或"删除"处理：企业未通过海关年检手续的；企业营业执照过期的；企业发生重大走私违规行为，按规定应暂停其进出口业务的；企业已倒闭或正在清算过程中的；企业不再从事加工贸易业务的。

（四）备案资料库的使用

一家企业只需备案一个资料库，可调用有关数据资料，依据合同设立多个电子化手册；备案资料库可备案商品项数没有限制；电子化手册中申请备案的料件、成品项数均不能超过9 999项；电子化手册所涉及企业备案数据库建立、料件及成品的归并管理原则适用于电子账册。

八、电子化手册的设立

加工贸易电子化手册设立是指企业在备案资料库商品范围内，按照进出口生产实际需要，向海关办理加工贸易电子化手册，海关根据地方商务主管部门出具的业务批准证，对企业申请设立的手册内容予以审核，并建立电子化手册的过程。

1. 手册设立需要提交的单证资料

需提交的单证资料包括：商务部出具的加工贸易业务批准证，企业生产能力证明，经营企业对外签订的合同或协议，海关按规定需要收取的其他单证和资料。

企业通过代理或自理录入模式，录入电子化手册表头信息，表体料件和成品货号、商品编码、商品名称、计量单位等信息调用备案资料库数据，进出口数量、价格、单损耗等信息依据合同录入。

2. 电子化手册的生成

经审核同意设立手册的，海关按照加工贸易业务批准证所规定的内容予以备案。企业加工贸易电子化手册通过审核后，H2010系统自动按照备案内容计算、产生保证金台账，生成“银行保证金台账备案联系单”数据发往银行。企业按“银行保证金台账备案联系单”内容在银行办结台账空转、半实转或实转手续后，银行将台账状况为“电子登记成功”的台账联系单数据反馈回海关，H2010系统自动登记该联系单。海关对上述流程审核无误后向企业发放电子化手册。

3. 电子化手册的变更

加工贸易电子化手册变更是指经营企业因原备案品名、规格、金额、数量、单损耗、商品编码等内容发生变化，以及电子化手册有效期因故需要延长向主管海关申请办理备案变更手续。

1）变更种类

加工贸易电子化手册变更分为新增变更、修改变更和删除变更3种。新增变更是指在已建立电子化手册的料件表、成品表和单耗表中增加新的内容；修改变更是指对已备案的电子化手册的料件表、成品表和单耗表中的内容进行修改；删除变更是指对已备案的电子化手册的料件表、成品表和单耗表中的内容进行删除。

2）变更申请及单证

企业按照加工贸易业务批准证变更证明内容和海关监管要求，在电子化手册企业端系统“通关备案手册”模块中，自行录入或委托报关公司等中介机构代理录入电子化手册变更数据向海关发送，同时向海关提交以下单证。

（1）商务部门签发的“加工贸易业务批准证变更证明”（申请延期不超过3个月的无须提供）。

（2）企业申请变更的书面材料。

（3）经营企业对外签订的变更合同。

（4）海关认为需要提交的其他材料。

3）不予变更的情形

经审查，经营企业或者加工企业存在下列情形之一的，海关不予变更：未在规定的期限内向海关申请办理变更手续的；经营企业申请变更的理由与实际情况不符的；经营企业申请变更单耗的成品全部出口完毕的；经营企业或者加工企业申请变更的事项涉嫌走私、违规已被海关立案调查、侦查，且案件未审结的。

4）变更审核结果的处置

（1）经审核准予变更的，海关按照“加工贸易业务批准证变更证明”所规定的项目变更已备案的加工贸易手册内容，或者按照“加工贸易业务批准证变更证明”所规定的时间延长加工贸易手册的有效期限。

（2）H2010 系统自动将“银行保证金台账变更联系单”（延长有效期限的、新增台账保证金“实转”商品、进口料件金额增加的）数据发往银行，企业在银行办结保证金台账变更业务，银行将台账“电子登记成功”数据反馈回海关，H2010 系统自动登记该通知单。

九、电子化手册的核销

核销是指加工贸易经营企业加工复出口或者办理内销等海关手续后，凭规定单据向海关申请解除监管，海关经审查、核查属实且符合有关法律、行政法规、规章的规定，予以办理解除监管手续的行为。

（一）报核单证

经营企业应当在规定的期限内将进口料件加工复出口，并自加工贸易手册项下最后一批成品出口或者加工贸易手册到期之日起 30 日内向海关报核。经营企业对外签订的合同因故提前终止的，应当自合同终止之日起 30 日内向海关报核。

报核常规单证包括：企业合同核销预录入呈报表，经营企业申请核销加工贸易货物的书面材料，加工贸易专用进出口报关单，核销平衡表，海关按规定需要收取的其他单证和材料。

报核特殊单证包括以下内容。

（1）加工贸易货物因侵犯知识产权保护被没收、销毁的，应提交有关行政执法部门出具的没收或者销毁的证明材料。

（2）经海关核定准予加工贸易货物销毁处理，应提交“海关加工贸易货物销毁处置申报（表）、处置单位出具的接收单据、加工贸易货物销毁处置证明及报关单等单证。

（3）因走私被海关或者法院没收加工贸易货物的，应提交行政处罚决定书、判决书等相关证明材料。

（4）核销专用报关单遗失的，应提交报关单企业留存联或报关地海关加盖印章的报关单复印件。

（5）因不可抗力造成保税货物受灾，应提交加工贸易主管部门签署意见的证明材料、保险公司出具的保险赔款通知书或者检验检疫部门出具的有关检验检疫的证明文件。

（6）已办理内销征税的应提交税单复印件。

（7）企业有关工艺流程单耗、损耗等资料或情况说明。

（二）核销核算情况处理

（1）对企业申报资料和内容不符合规定或监管要求的，按相关规定予以退单。

（2）对企业报核数据与海关底账出现差异的，要求企业查找产生差异的原因，并提交解释报告或说明材料。

（3）对经海关核实确定的实际剩余料件，要求企业在核销期限内办结余料结转、内销征税、退运或放弃等手续。

（三）手册核销结案

通过 H2010 加工贸易系统对报核手册进行核销核算，经核算通过，H2010 加工贸易系统进行结案，海关签发“核销结案通知书”。经营企业已经办理担保手续的，海关在核销结案后按照规定解除担保。

手册核销后，企业库存有剩余料件的，原则上不得进行结转。对库存余料属于国家许可证件管理的，在企业补交许可证件后，以“后续补税”监管方式办理料件补税手续。对不能说明理由或涉嫌违规、走私的，移交缉私部门进行处理。

第三节 电子账册管理下的保税加工

改革开放 30 多年来，我国形成了加工贸易纸质手册的管理模式，适应了当时加工贸易管理及经济发展的需要，对促进我国加工贸易的发展发挥了巨大的作用。但随着加工贸易出口规模的快速增长和产品结构的逐步优化，特别是在“全球营销、快速交货、产品个性化、零库存管理”的新形势和新要求下，对物流速度、监管模式提出了一个很高的要求，为了实现海关把关和服务的平衡，我国需要革新原有的加工贸易监管模式，实践证明，联网监管适应了我国加工贸易现在的发展需要。

联网监管在守法便利原则的基础上，构筑起海关与企业的合作伙伴关系，在经济全球化过程中，实现了海关与企业的“双赢”。通过加工贸易联网监管，海关得以借助于现代信息和网络技术，实现海关风险控制和促进企业守法经营；而企业在与海关的合作过程中，将海关监管要求融入其生产经营全过程之中，不断降低因海关管理而导致的贸易成本，加工贸易企业的通关时效进一步提高，国际竞争力明显增强。

一、联网监管概述

（一）联网监管及相关概念

1. 联网监管

海关对加工贸易企业实施计算机联网监管，简称“联网监管”，它是指加工贸易企业通过数据交换平台或者其他计算机网络方式向海关报送能满足海关监管要求的物流、生产经营等数据，海关对数据进行核对、核算，并结合实物进行核查的一种监管方式。

2. 联网企业

实行加工贸易联网监管的企业称为联网企业。实施联网监管后，加工贸易企业通过数据交换平台或者其他计算机网络方式向海关办理备案、变更、进出口通关、核销等手续。

3. 电子底账

海关根据企业实际情况，为申请联网监管的企业报送备案的资料建立电子底账，对联网企业实施电子底账管理。电子底账又分为电子账册和电子手册两种方式。

4. 电子账册模式

电子账册模式是海关以企业为管理单元为联网企业建立电子底账，联网企业只设立一个电子账册的海关监管模式。海关根据联网企业的生产情况和海关的监管需要确定核销周期，并按照该核销周期对实行电子账册管理的联网企业进行核销。

（二）联网监管的实现方式

加工贸易联网监管的基本管理方式是“电子底账+联网核查”。电子底账是指海关根据联网企业申请，为其建立的用于记录加工贸易货物备案、进出口、核销等资料的电子数据库。联网核查是指海关借助相关的信息管理软件将联网企业的生产管理数据与海关底账数据进行比对、风险预警的一种监管手段。目前，实行联网监管的加工贸易企业必须是具备加工贸易经营资格并在海关注册的生产型企业。海关特殊监管区域内的加工贸易企业暂不实行联网监管模式。

（三）联网监管的特点

联网监管电子账册的管理特点是“一次审批、分段备案、滚动核销、周转量控制、联网核查”，具体体现在以下几个方面。

（1）对企业经营资格、经营范围（商品编码前 4 位数）和加工生产能力一次性审批，取消对加工贸易合同的逐票审批。

（2）先备案进口料件，在生产成品出口前（包括深加工结转）再备案成品及申报准确实际的单损耗情况。

（3）建立以企业为单元的电子账册，实行与企业物流、生产实际接轨的滚动核销制度。

（4）对进出口保税货物的总价值（或数量），按照企业生产能力进行周转量控制备案，满足企业在国际化大生产条件下的“零库存”生产需要，提高通关速度。

（5）企业可以通过网络向商务部门和海关申请办理审批、备案等电子手续，取消手册管理模式下审批、备案以及变更等各种复杂手续，满足现代企业快速生产及进出口要求。

（6）凭电子身份认证卡实现在全国口岸的通关。

（四）联网监管的优势

1. 以企业为单元建立电子账册，企业无须频繁地逐个合同办理纸质手册

实施联网监管后，企业原则上只需商务部门一次审批、海关一次备案，以企业为单元建立一本长期有效的电子账册，彻底摆脱了纸质手册备案时商务部门逐个审批、海关逐个备案的烦琐手续，原有纸质手册的周转困难问题也得到有效解决，更具灵活性。而且一本电子账册替代多本纸质手册，可同时开展来料加工和进料加工业务。

2. 实行最大周转金额控制，贴近企业的生产经营实际

企业实施联网监管后，商务主管部门、海关根据企业最大生产周转金额核定企业电子账册的进出口数量，只要企业进出口数量在最大周转金额范围内，就可根据生产的实际情况灵活地进出口，免除了纸质手册管理下因为进出口数量与手册不符合而频繁变更的各项手续。

3. 实行分段备案，避免企业非主观故意违规

企业可在接到生产订单后按客户的需求及时、准确地申请实际进口料件、出口产品和单耗的备案，且可实现 24 小时网上通关数据备案、变更申报，可较好地避免虚拟合同管理模式下企业由于模糊备案或未及时办理变更手续而出现的非主观故意违法行为，避免因非主观故意违规而被降低管理类别。

4. 实行滚动核销，简化核销手续

对企业某一特定时段的总体进出口情况进行核算，取代对纸质手册逐个进行平衡核算的做法，简化了核销手续，提高了核销效率。同时实行计算机自动核算，免去了手工核算的麻烦，提高了核销的准确性。

5. 全面提升企业的通关效率

纸质手册模式下，从签合同、报商务部门审批、税务部门审核、开设银行保证金台账到海关备案合同通常要 7 至 10 天，实施联网监管后，通关效率大大提高，电子账册备案只需半个小时，电子账册变更则只需几分钟。

6. 有效降低企业成本

一家企业只设立一本电子账册，且实行电子化申报，有效减少了企业在纸质手册备案、变更、通关、核销等环节的人力、财力的耗费。如广东某电脑厂有限公司反映，实施联网监管前，该公司年备案合同 800 多份，报关部门需要 60 多人管理这些手册，实行联网监管后，报关部门人员减少了约 20 人，平均每年节省各项费用 310 多万元人民币。而据上海某保税企业反映，该厂实施联网后，仅头两年就节约通关费用超过 1 000 万元人民币。

7. 大大增强企业竞争力

联网监管充分满足企业生产周期短、“零库存”“即时生产”等运营管理需求，已成为企业可持续发展和提升国际竞争力的重要动力。不少联网企业反映，在以前纸质手册管理模式下，由于办理手册时间长，许多订单不敢接。实施联网监管后，企业在海关核定的周转量内灵活备案、进出口，通关手续简便快捷，生产周期大大缩短，增强了企业接单的信心，业务快速增长。

二、海关对加工贸易账册设立的管理规定

（一）联网监管企业应当具备的条件

（1）具有加工贸易经营资格。

（2）在海关注册，并已在主管海关加工贸易监管部门备案。

（3）属于生产型企业，具有加工生产加工贸易货物的设备、厂房、工人等基本条件。

海关特殊监管区域、保税监管场所内的加工贸易企业不适用海关联网监管。

（二）申请联网监管应提交的单证

（1）工商营业执照、税务登记证、组织机构代码证复印件。

（2）商务主管部门同意企业实施加工贸易计算机联网监管的批复。

（3）加工贸易企业计算机管理系统简介及内部管理情况说明。

（4）加工贸易企业上年度财务审计报告。

（5）加工贸易联网监管企业申请审批表（见表2–6）。

（6）“海关与企业加工贸易联网监管合作备忘录”或“加工贸易企业联网监管责任担保书”。

（7）海关认为需要出具的其他证明文件和材料。

表2–6 加工贸易联网监管企业申请审批表

企业名称		管理类别	
海关注册编码（10位数）			
投资总额		注册资本	
企业地址		企业性质	
工厂面积		法定代表人	
职工人数		联系电话	
进口料件范围			
出口成品范围			
上年度加工贸易进口总值（万美元）			
上年度加工贸易出口总值（万美元）			
上年度加工贸易进出口报关量（份）			
上年度加工贸易合同（手册）量（份）			
加工企业年生产加工能力（主要产品）			
企业内部计算机管理系统	系统名称：	开发商：	启用时间：
	功能描述：		
其他需要说明的问题（可随附说明）			
海关： 我公司申请实施海关加工贸易联网监管，保证遵守《中华人民共和国海关法》和海关对加工贸易企业联网监管的各项管理规定，并承担联网监管企业应履行的各项义务，请予审查。 特此申请。 申请单位（盖章） 法定代表人： 年 月 日			
经办人员意见	年 月 日		
科长审核意见	年 月 日		
关长（处长）批示意见	年 月 日		

（三）联网监管资格申请流程

（1）企业填写《加工贸易企业联网监管申请表》向主管海关提出申请。

（2）主管海关对申请企业进行资格审查。

（3）对通过联网监管资格审查的企业，主管海关报直属海关审批。

（4）直属海关审批同意实施联网监管的，主管海关签发《海关实施加工贸易联网监管通知书》。

（四）海关事务担保

联网企业有下列情形之一的，海关可以要求其提供保证金或者银行保函作为担保。

（1）企业管理类别下调的。

（2）未如实向海关报送数据的。

（3）海关核查、核销时拒不提供相关账册、单证、数据的。

（4）未按照规定时间向海关办理报核手续的。

（5）未按照海关要求设立账册、账册管理混乱或者账目不清的。

三、电子账册的设立

联网监管企业在进行加工贸易货物备案审批前，需要向海关先行申请设立加工贸易账册。联网监管企业向主管海关申请办理经营范围电子账册（简称 IT 账册）设立手续，审核通过后再办理便捷通关电子账册（简称 E 账册）设立手续。

（一）IT 账册的设立

1. 设立 IT 账册应提交的单证

企业向主管海关申请办理 IT 账册设立手续时，应提交以下单证：工商经营执照复印件、企业加工贸易进口料件及出口成品清单、商务部门出具的“联网监管企业加工贸易业务批准证”“加工贸易企业生产能力证明”。

经审核，企业的设立申请符合海关有关规定的，予以建立企业 IT 账册。

2. IT 账册的备案内容

经营范围账册（IT 账册）用于检控便捷通关账册（E 账册）进出口商品的范围，不能直接报关。联网监管企业根据商务主管部门签发的“联网监管企业加工贸易业务批准证”的相关内容，向海关传送包括经营单位名称及代码、加工单位名称及代码、加工贸易业务批准证编号、加工生产能力、保税加工进出口料件和成品范围（HS 编码前 4 位）等在内的经营范围账册的备案内容。

（二）E 账册的设立

1. 设立 E 账册应提交的单证

企业申请 E 账册设立，应提交以下单证：商务部门出具的“联网监管企业加工贸易业务批准证”“加工贸易企业生产能力证明”“企业加工贸易联网监管进出口货物商品归并关系清单”、海关按规定需要收取的其他证件和材料。

企业存在以下情况之一的，海关不予受理账册：进口料件或出口成品属于国家禁止进出口的；加工产品属于国家禁止在我国境内加工生产的；进口料件不宜实行保税监管的；企业年生产能力与实际情况不相符的；企业申请备案进出口货物的归类、归并和 BOM 不符合海关管理要求的；法律、行政法规、规章规定不予备案的其他情形。

2. E 账册的备案内容

便捷通关账册（E 账册）用于保税加工货物的备案、通关和核销。企业在报送的经营范围账册（IT 账册）经海关审核备案后，通过网络向海关传送便捷通关账册（E 账册）备案内容，主要包括企业基本情况表（包括经营单位、加工企业、加工贸易业务批准证编号、经营范围账册号、加工生产能力等）、保税料件和成品（包含归并后料件和成品的名称、规格、HS 编码、备案计量单位、法定计量单位、法定第二计量单位、法定计量单位比例因子、法定第二计量单位比例因子、重量比例因子、币制、征免方式等）、单耗关系（包括成品版本号、对应料件的净耗、损耗率等）。

（三）联网监管企业电子账册商品归类、料件及成品归并关系

联网监管企业应以内部管理的料号级商品为基础，按照《进出口税则》规定的目录条文和归类总规则、类注、章注、子目注释及其他归类注释进行商品归类，并归入相应的税则号列。

商品归并是指企业在确定商品编号、商品名称一致的基础上，根据加工贸易货物进出口和管理的实际情况及海关监管需要，对生产管理中最基础的料号级加工贸易料件、成品或直接进口的半成品进行合并，建立一对多或多对一的对应关系。为确保备案资料库料件及成品商品编码的准确性，企业对商品编码不确定的，可向海关归类部门咨询办理预归类手续。

企业应在海关审核的商品归类的基础上，根据企业实际和海关监管需要，预先对生产管理的物料进行合并，建立合并对应关系。根据企业生产实际，商品归并管理可分料件归并管理和成品归并管理，各自适用以下不同的原则。

1. 料件归并

对能同时符合下列条件的予以归并：10 位商品编码相同的；海关监管计量单位相同的；企业自编计量单位相同的；货物名称相同，或虽然货物名称不同，但货物属性及功能用途相同或相近、可替代使用的；能满足海关查验和内销征补税等监管要求的。

如出现以下情况之一的不能作归并：涉及单耗标准的料件；单损耗影响较大的料件；单价相差较大，对实际监管可能产生影响的料件。

2. 成品归并

对能同时符合下列条件的予以归并：10 位商品编码相同的；海关监管计量单位相同的；企业自编计量单位相同的；货物名称相同，或虽然货物名称不同但货物属性及功能用途相同或相近的；能满足海关查验等监管要求的；对应料件组合及单耗相同或相近的。

如出现以下情况之一的不能作归并：已制定单耗标准的成品，不能与其他成品进行归并；单价相差较大，对实际监管可能产生影响的成品；主管海关从单损耗、贸易管制、征免税、规格型号、单价、税率等方面考虑认为需重点监管的商品，不作归并；企业因管理需要提出需单列的，可不作归并。

企业在建立料件归并关系时应区分主料和次料，主料料号不得归并，消耗性材料不得归并。这里所指的“主料”：一是指进口单价相对较高的料件；二是指出口成品中耗用较多或属于关键部件的料件；三是属于国家贸易管制的商品；四是海关认为需要重点监管的商品。消耗性材料是指触媒剂、催化剂、磨料等。

归并关系一旦确认后，原则上企业不得随意变更归并关系，但确有归并关系需要调整的，在现有联网监管平台上，企业可以直接向电子口岸发送变更数据，海关对此予以审核。

（四）进出口报关清单、报关单的生成及修改、撤销

1. 报关清单的生成

使用便捷通关账册（E 账册）办理报关手续，企业应先根据实际进出口情况，从企业系统导出料号级数据生成归并前的报关清单，通过网络发送到电子口岸。报关清单应按照加工贸易合同填报监管方式，进口报关清单填制的总金额不得超过电子账册最大周转金额的剩余值，其余项目的填制参照报关单的填制规范。

2. 报关单的生成

联网企业进出口保税加工货物，应使用企业内部的计算机，采用计算机原始数据形成报关清单报送中国电子口岸。电子口岸将企业报送的报关清单根据归并原则进行归并，并分拆成报关单后发送回企业，由企业填报完整的报关单内容后，通过网络向海关正式申报。

3. 报关单的修改、撤销

不涉及报关清单的报关单内容可直接进行修改，涉及报关清单的报关单内容修改必须先修改报关清单，再重新进行归并。

报关单申报后修改，申报内容或撤销申报根据海关报关单修改或撤销报关单相关管理规定执行。

四、电子账册的变更

（一）电子账册变更申请

联网监管企业申请账册变更应提交以下单证：商务部门签发的“联网企业加工贸易业务变更批准证”（变更经营范围需提供），联网监管企业申请变更的书面材料，海关按规定需要收取的其他单证和材料。

（二）电子账册不予变更的情形

联网监管企业，存在下列情形之一的，海关不予核准变更申请。

（1）未在规定期限内向海关申请办理变更手续的。

（2）申请变更的理由与实际情况不符的。

（3）变更申请不符合海关关于加工贸易计算机联网监管进出口商品归并规则的。

（4）申请变更的进出口料件、出口成品不宜实行保税监管的。

（5）企业申请变更的事项涉嫌走私、违规，已被海关立案调查、侦查，且案件未审结的。

（6）法律、行政法规、规章规定不予变更的其他情形。

（三）审核结果处理

经海关审核，同意企业电子账册变更申请的，在 H2010 系统中操作确认。

（1）联网监管企业电子账册 BOM 版本、料件、成品品种发生新增变更时，海关对电子数据进行审核。

（2）料件和成品的品种新增涉及海关商品归类的，海关需审核“企业加工贸易联网监管进出口货物商品归类申请表”。

五、海关事务担保

联网企业有下列情形之一的，海关可以要求其提供保证金或者银行保函作为担保。

（1）企业信用等级下调的。

（2）未如实向海关报送数据的。

（3）海关核查、核销时拒不提供相关账册、单证、数据的。

（4）未按照规定时间向海关办理报核手续的。

（5）未按照海关要求设立账册、账册管理混乱或者账目不清的。

六、电子账册的单耗管理

（一）单耗备案和申报

联网企业在办理加工贸易电子账册单耗申报时，应符合以下要求。

（1）单耗申报环节明确，联网监管企业应该在每批货物出口报关时，向海关以对应报关单出口货物单耗版本的方式，申报该批出口货物每项成品的单耗情况，企业实际申报单耗时间与单耗申报环节要保持一致。

（2）商品名称、规格型号、商品编号、计量单位申报规范。进口料件不能以“辅料一批”或“配件一套”等方式申报。

（3）涉及单耗标准的料件和成品的计量单位、规格型号应与单耗标准一致。

（4）涉及单耗标准的单位成品保税料件耗用量不超单耗标准。

（5）同一料件包含保税和非保税的，应如实填报非保税料件比例。

（6）因计算机系统故障等原因导致企业无法正常申报或变更单耗的，企业可以填制“中华人民共和国海关加工贸易单耗申报单”办理单耗申报手续。

（二）单耗质疑

海关对企业申报的单耗提出单耗质疑时，将制发“单耗质疑通知书”，企业应根据海关要求提供下列相关资料。

（1）料件、成品的样品、影像、图片、图样、品质、成分、规格型号等相关数据和资料。

（2）工艺流程图、排料图、工料单、配料表、质量检测标准等能反映成品技术要求、加工工艺过程及相应耗料的有关资料。

（3）加工合同、订单、加工计划、加工报表、成本核算等有关账册和资料计算方法、计算公式及说明。

（三）单耗复核

（1）企业对隶属海关或办事处作出的单耗核定结论有异议的，可以自收到“海关单耗核定结论书”之日起 5 个工作日内向直属海关加工贸易监管职能部门申请单耗复核。

（2）因不可抗力或者其他正当理由耽误申请期限的，申请期限自障碍消除之日起继续计算。

（3）企业申请单耗复核时，应提交“加工贸易单耗复核申请表”及相关资料。

复核决定作出前，申请人可要求撤回单耗复核申请。

七、电子账册核销

联网监管企业加工贸易货物核销，是指加工贸易经营企业加工复出口或者办结内销等海关手续后，凭相关单证向海关申请解除监管，海关经审查、核查属实且符合有关法律、行政法规、规章的规定，予以办理解除监管手续的行为。

（一）电子账册核销原则性规定

（1）海关对实行电子账册模式管理的联网监管企业按周期进行阶段核销。核销周期不超过一年。海关完成电子账册核销的期限为下一个核销日期前，但最长不超过180天。

（2）联网企业应当在海关确定的核销期结束之日起30日内完成报核。确有正当理由不能按期报核的，经主管海关批准可以延期，但延长期限不得超过60日。未在规定时间内向海关办理报核手续的，海关可以要求其提供保证金或者银行保函作为担保。

（3）电子账册阶段性核销工作包括电子账册预报核和正式报核两个部分，预报核和正式报核工作分别涉及联网监管辅助核销平台和H2010系统的操作。在联网监管辅助平台中，主要是对联网监管企业加工贸易货物进行企业料号级的核销核算，在H2010系统中，主要是对联网企业加工贸易货物进行海关备案项号级的核销核算。

（4）核销工作准备期间，海关与企业明确电子账册本期核销周期的起止日期，明确核销方式，如采用盘点核销方式，联网监管企业应当在盘点前及时告知海关，海关可以结合企业盘点实施核查核销。

（5）海关结合企业盘点实施核查核销时，应当将电子底账核算结果与联网企业实际库存量进行对比，并分别进行以下处理：

① 实际库存量多于电子底账核算结果的，海关应当按照实际库存量调整电子底账的当期余额；

② 实际库存量少于电子底账核算结果且联网企业可以提供正当理由的，对短缺的部分，海关应当责令联网企业申请内销处理；

③ 实际库存量少于电子底账核算结果且联网企业不能提供正当理由的，对短缺的部分，海关除责令联网企业申请内销处理外，还可以按照《中华人民共和国海关行政处罚实施条例》对联网企业予以处罚。

（6）企业应如实申报保税加工替代料关系、非保税料件使用情况。

（二）企业向联网监管辅助平台预报核

企业向联网监管平台进行电子账册预报核时，应提交下列单证：电子账册阶段性核销申请、电子账册核销期间进出口报关单及汇总清单、海关按规定需要收取的其他单证和材料。

企业应通过联网监管平台客户端向联网监管系统报送本期核销的报关单数据。

海关对预报核数据进行审核及处置的要点如下。

（1）表头内容不符合预报核申报要求，或报关单比对不符的，企业须重新申报。

（2）企业漏报报核数据，如该报关单已结关，企业予以补报；如该报关单未结关，企业须办结结关手续后再补报；如该报关单在 H2010 系统已删单，海关在联网监管平台中作逐票删除处理。

（3）对企业有报送但联网监管平台底账无报关单数据的，如该报关单已结关、平台无底账记录，需列入本期核销的，由平台运营维护公司修改平台数据，报关单列入本期核销；该报关单未结关，由企业办结结关手续，平台运营维护公司修改平台数据，报关单列入本期核销；报关单不存在，属于企业错报的，由企业修改数据后重新报送。

（4）替代关系认定。企业采用标准 BOM 或实际工单 BOM 向海关申请核销，海关核实存在替代关系，方可接受企业保税料件替代关系申请。

（5）料件核增认定。企业使用非保税料件的，应当事先向海关如实申报使用非保税料件的比例、品种、规格、型号、数量，海关在联网监管平台上对保税料件的使用进行非保核增认定。

（三）企业向海关 H2010 系统预报核

企业向 H2010 系统申请电子账册预报核时，应提交下列单证：企业预报核申请表、企业单耗申请表、单耗申报光盘、单耗申报说明，海关按规定需要收取的其他单证和材料。

企业通过电子口岸系统向海关 H2010 系统报送加工贸易电子账册本期核销的报关单数据。海关对 H2010 系统预报核数据审核比对，企业电子账册预报核数据与海关电子账册底账数据不符的，参照向联网监管辅助核销平台预报核数据不符的处置要求作相应处理。经过审核，海关确认联网监管企业电子账册预报核数据与海关电子账册底账数据比对结果一致，并且单证齐全后，在 H2010 系统中进行“审核通过”操作，通过电子账册预报核，同意企业办理正式报核手续。

（四）企业向联网监管辅助核销平台正式报核

在预报核数据比对基础上，企业向联网监管辅助核销平台发送加工贸易电子账册本期核销的正式报核数据。企业正式报核单证中应加上在预报核审核过程中所产生的涉及本期余料处理、内销征税处理的有关报关单证信息，确保在正式报核内容中能够做到核销周期内保税料件进出口平衡正常。

海关审核要点包括：海关在联网监管平台上分别核对企业申报的料号级进出口数据和项号级进出口数据，如有差异则要求企业查明情况，修改数据后重新报送；企业报送本期核销的耗用数据、理论结余数据、实际结余数据到联网监管平台，海关核对企业申报的进出存平衡数据，如有差异则要求企业查明情况，修改数据后重新报送。海关在确认预报核数据与海关底账数据比对结果一致后，企业方可在 H2010 系统办理正式报核。

（五）企业向海关 H2010 系统正式报核

企业向 H2010 系统发送正式报核数据时，应提交以下单证。

（1）“海关加工贸易业务办理申请表”“电子账册正式报核申请表”。

（2）电子账册核销期间保税料件汇总表、保税成品汇总表（料号级数据可以附光盘），盘点及差异处理情况申报表，边角料、副产品、残次品、受灾保税货物处理情况申报表，进出存金额统计表，电子账册核销平衡表 （平衡表中理论结余为负时应随附说明）。

（3）盘点报告 （在结合盘点核销的情况下），企业自核说明。

（4）海关按规定需要收取的其他单证和材料。

经海关核准销毁的加工贸易货物报核及相关事项处置，参照电子化手册相关规定办理。

企业向海关 H2010 系统发送加工贸易电子账册本核销期间的正式报核数据。

经办关员对企业报核单证、报核表头、报核表体等申报数据、信息进行审核，对企业报核的进出口数据与 H2010 系统是否一致予以认定。

H2010 系统正式报核数据存在下列情况，海关作相应处理。

① 企业正式报核数据有误的，予以退单，要求企业重新报核。

② 企业料件短少（理论结余数大于实际结余数）的，要求企业说明情况，承担纳税责任。如果补税报关单列入本次核销周期，以实际节余为准，人工调整本期结余数量；如果补税报关单列入下一核销周期，则以实际结余+补税数量，人工调整本期结余数量。

③ 企业料件盈余（理论结余数小于实际结余数）的，要求企业说明情况，并以实际节余为准，人工调整本期结余数量。

八、核销结案

海关确认企业电子账册核销情况符合海关核销规定，单证齐全有效的，经办人员在“海关加工贸易联网监管电子账册阶段性核销审批表”上签注意见，报批同意核销结案，并签发“海关加工贸易联网监管电子账册阶段性核销结案通知书”。

第四节 保税加工特殊业务

一、外发加工

加工贸易外发加工是加工贸易发展到一定程度衍生出来的一种形式。市场经济下的外发加工是市场资源配置优化组合的需要。随着加工贸易的不断深化、国际分工合作的持续加强、产业集聚效应的进一步显现，外发加工的市场需求不断扩大，并且以其便捷性和灵活性受到越来越多企业的欢迎。企业出于订单、技术、成本、产能、环保等因素的考虑，都可能选择外发加工，通过外发加工最大限度地优化企业资源、降低成本，并与承揽企业共同达到优势互补的双赢效果，促进市场经济健康发展。

（一）外发加工的概念

加工贸易外发加工，是指经营企业因受自身生产特点和条件限制，经海关批准并办理有关手续，委托承揽者对加工贸易货物进行加工，在规定期限内将加工后的产品最终复运出口的行为。

从定义上来理解，外发加工的受托方既可以是企业也可以是个人，如果加工贸易外发给了某个人，那么就不再需要提供生产能力证明和营业执照，只需承揽者（受托人）的身份证就可以完成备案；且海关没有强调外发的货物（包括加工成品、边角料、残次品）一定要运回才可以出口。

（二）海关对外发加工的管理规定

海关关于加工贸易外发加工的管理要求，在《加工贸易货物监管办法》及相关公告中有明确规定。具体管理规定如下。

（1）经营企业开展外发加工业务，不得将加工贸易货物转卖给承揽企业；承揽企业不得将加工贸易货物再次外发至其他企业进行加工。

（2）经营企业需开展外发加工的，应当向主管海关办理备案手续；外发加工基本情况备案应当在货物首次外发之日起 3 个工作日内向海关办理（以合同为单元管理的，首次外发是指在本手册项下对同一承揽者第一次办理外发加工业务；以企业为单元管理的，首次外发是指本核销周期内对同一承揽者第一次办理外发加工业务）；企业外发加工备案信息发生变化的，应当向海关变更有关信息。

（3）经营企业将全部工序外发加工的，应当在办理备案手续的同时向海关提供相当于外发加工货物应缴税款金额的保证金或者银行、非银行金融机构保函。企业变更外发加工信息时，涉及企业应缴纳外发加工保证金数量增加的，企业应补缴保证金或者保函。

（4）企业应当在货物外发之日起 10 日内向海关申报实际收发货情况，同一手（账）册，同一承揽者的收、发货情况可合并办理。

（5）企业未按规定向海关办理外发加工手续，或者实际外发情况与申报情况不一致的，按照《中华人民共和国海关行政处罚实施条例》有关规定予以处罚。

（三）外发加工的作业流程

加工贸易企业申请外发加工业务，由手册（包括电子化手册和电子账册，下同）备案地主管海关负责核准和办理外发加工业务手续，并对保税货物实施监管。外发加工的首要条件便是“经海关批准”。因为保税料件外发至其他工厂进行加工，对于海关监管来说具有一定风险，所以加工贸易必须主动向海关进行报备。如果企业跳过了这个步骤，就构成了“擅自外发”的违规行为，将会受到海关的严厉处罚。

加工贸易外发加工作业流程如图 2–1 所示。

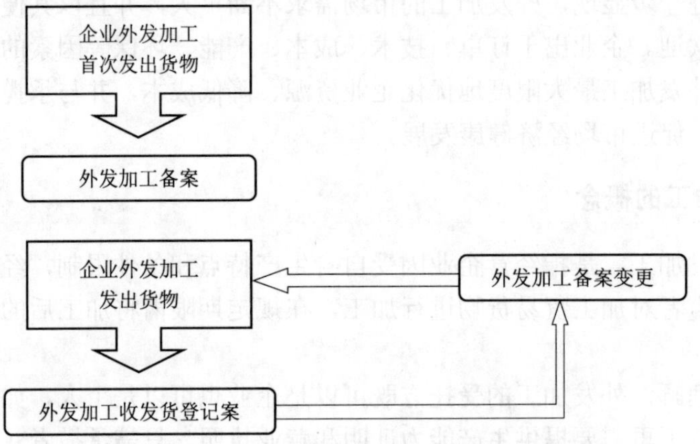

图 2–1 加工贸易外发加工作业流程

1. 外发加工备案

例如：东莞某钢铁铸造厂（A）因生产工艺的要求，将手册编号为（C××053351498）的料件扣板外发给东莞某电焊厂（B）进行电镀处理。

（A）应当在货物首次外发之日起 3 个工作日内向主管海关备案外发加工基本情况。如表 2–7 所示。

表 2–7　加工贸易货物外发加工备案基本情况

经营企业名称		经营企业地址	
经营企业信用级别		海关编码	
法定代表人		联系电话	
承揽企业名称		承揽企业地址	
承揽企业负责人		联系电话	

**海关：

因生产工艺需要，我公司将 C××053351498 手册进口的保税料件：

（1）

（2）

等保税货物进行外发加工，加工完毕后的货物将全部按海关规定运回我公司（厂）。外发加工期限从
至　　　。

以上申报真实无讹。本公司愿意为之承担法律责任，并承诺在外发加工货物收发货当天，准确及时记录实际收发货情况，集体包括外发、运回的货物名称、数量、时间等，并留存记录备海关实地核查。

经营企业印章　　　　　　承揽企业盖章
年　月　日　　　　　　　年　月　日

以前外发加工需要在外发前备案，现在外发加工在货物外发加工之日起 3 个工作日完成备案即可。即由原来的事前审批，变为了事后备案。

2. 外发加工收发货登记

（A）应当在货物外发之日起 10 日内向海关申报实际收发货情况。外发加工发货登记、收货登记信息如表 2–8、表 2–9 所示。

表 2–8　外发加工发货登记

填写日期：2015 年 9 月 26 日

委托方企业名称：	东莞颐达钢铁铸造厂		委托方企业海关编码：	××02941632	
手册/账册编号：	C××053351498		手册备案地主管海关：	××海关	
发货日期	商品名称	商品编码	发货数量	计量单位	备注
2015 年 9 月 20 日	扣板	805014AA100	50	个	
2015 年 9 月 20 日	扣板	805014AA100	50	个	

表 2–9 外发加工收货登记

填写日期：2015 年 10 月 26 日

委托方企业名称：	东莞颐达钢铁铸造厂		委托方企业海关编码：	××02941632	
手册/账册编号：	C××053351498		手册备案地主管海关：	××海关	
发货日期	商品名称	商品编码	发货数量	计量单位	备注
2015 年 10 月 20 日	扣板	805014AA100	50	个	
2015 年 10 月 20 日	扣板	805014AA100	50	个	

3. 外发加工业务细节

1）发货管理

（1）如属于全部工序外发加工的，在办理备案手续的同时向海关提供相当于外发加工货物应缴税款金额的保证金或者银行、非银行金融机构保函。其他情况无须再交保证金，如跨关区外发、货物（含边角料、残次品）不运回的均不再交保证金。

（2）委托企业在货物首次外发之日起 3 个工作日内向海关备案外发加工基本情况。

（3）委托企业在货物外发之日起 10 日内向海关申报实际发货情况。

2）收货和退料管理

（1）为了便于控制，委托企业一般可在每月底要求承揽企业运回本企业实际生产的产成品、边角料和残次品；同时在每季度末要求所有承揽企业必须将该季度所发出料件，无论以何种状态一律退回企业。

（2）产成品收货时按外发加工计划收货；边角料和残次品收回则单独进行入库操作。

（3）收货和退料入库时，委托企业核实对应的外发加工备案基本信息、数量，记录“外发加工作业明细”，同时向海关申报实际收货情况。

（4）为避免收发不平衡，委托企业应建立“料件收发平衡表”按月填写。

（5）对于收发不平衡现象，委托企业需说明产生不平衡的原因。

3）注意事项

在操作外发加工业务时，除需要关注外发加工备案时限、“首次外发”界定等事务外，还需要关注超期外发和收发失控等外发加工的违规风险。

超期外发有两种情形：一是超过备案的外发加工期限，未向海关给予说明；二是超过手册期限。超期外发加工直接反映了企业各部门之间的管理脱节。

收发失控，即发出货物与收回货物缺乏管理和控制，致使企业对外发加工过程中保税货物的动态状况缺乏足够的跟踪，对发出料件和收回成品（半成品）、料件、残次品、边角料等情况不清楚。

超期外发及收发失控均可能导致海关的行政处罚。

4. 对外发加工承揽企业的管理要求

在外发加工业务中，经营企业和承揽企业须共同接受海关监管，因此，经营企业应该要求承揽企业严格遵守海关监管制度和相关规定。

（1）为防止混料、串料，承揽企业须区分受委托加工的业务类型，将不同企业的料件分开，同时，产成品和料件按保税、非保税分开管理，标识一定要清晰。

（2）为防止加工过程中的混淆和串换使用，加工区域料件和成品按保税、非保税分开。如果无法从区域上分开，可按时间段区分管理，确保保税和非保税的加工分不同时间段进行。

（3）制造过程产生的边角料、残次品须按保税、非保税分开收集，分区域存放，并标识清楚。

（4）承揽企业须加强对边角料、残次品的统计管理，建立边角料、残次品账册，用于管理边角料、残次品的出入库情况。为统计各道工序残次品耗用保税料件数量，可要求承揽企业建立每道工序产生残次品的料件标准耗用情况表。

（5）承揽企业须提交“料件收发平衡表”，对于收发不平衡现象，须说明产生不平衡的原因。

（四）不予备案外发加工的情形

经营企业承揽企业的生产经营管理不符合海关监管要求的，申请外发的货物属于涉案货物且案件未审结的，海关特殊监管区域内外资企业均不得将禁止类商品外发进行实质性加工。

二、深加工结转

“入世”后的新形势对企业加工生产的工作效率提出了更高的要求。特别是珠江三角洲、长江三角洲地区，以机电产品、高新技术企业为龙头，产品配套程度较高的企业群已形成。企业的经营方式也发生了巨大的变化，尤其是高新技术产业普遍实行了“生产零库存，销售负库存，网上下单”的经营模式，企业的物流和资金周转速度大大加快，企业间的配套能力日益增强，越来越多的企业要求通过深加工结转的方式从国内其他相关的加工贸易企业采购所需的生产原料、零件和配套部件。深加工结转避免了加工贸易产品的实际进出口环节的运输和通关费用，结转手续简便，有效降低了企业的生产、物流成本，更好地适应了企业的发展需求。

（一）深加工结转的概念

加工贸易保税货物深加工结转，是指加工贸易企业将进口保税料件加工成成品或半成品后不直接出口，而是结转至另一加工贸易企业继续进行保税加工的经营活动。

从定义上理解深加工结转必须符合两个条件：一是需要进行“进一步加工”，这也是深加工结转的实质。只有不断深化加工程度，延伸产业链条，才能进一步提高产品增值率。二是结转进口的企业必须将这些保税料件“复出口”，而不能留在国内销售。该业务在华南地区也称“转场”。

例如：A公司进口的ABS塑胶粒（未染色），经加工制成成品ABS染色塑胶粒，以开具外销发票的形式销售给国内B公司，B公司再加工成电脑零配件出口。这样，A公司和B公司之间发生的就是深加工结转贸易行为。

（二）海关对深加工结转的管理规定

海关关于加工贸易深加工结转的管理要求，在《加工贸易货物管理办法》及相关公告中有明确规定，其主要内容如下。

（1）经营企业进口加工贸易货物，可以从境外或者海关特殊监管区域、保税监管场所进口，也可以通过深加工结转方式转入。经营企业出口加工贸易货物，可以向境外或者海关特殊监管区域、保税监管场所出口，也可以通过深加工结转方式转出。

（2）加工贸易企业开展深加工结转的，转入企业、转出企业应当向各自的主管海关申报，通过填制“深加工结转申请表”办理实际收发货以及报关手续。

有下列情形之一的，加工贸易企业不得办理深加工结转手续：

① 不符合海关监管要求，被海关责令限期整改，在整改期内的；

② 有逾期未报核手册的；

③ 由于涉嫌走私已经被海关立案调查，尚未结案的。

加工贸易企业未按照海关规定进行收发货的，不得再次办理深加工结转手续。

（3）深加工结转报关单因故需要修改或者撤销的，企业应按照报关单修改、撤销的规定办理；但对已放行的深加工结转报关单，不能修改，只能撤销。

（4）转出、转入企业违反有关规定的，海关按照《海关法》及《海关行政处罚实施条例》的规定处理；构成犯罪的，依法追究其刑事责任。

（三）深加工结转的作业流程

随着国内加工程度的深化、增值链条的延伸、上下游配套能力的增强及国产料件的采用，我国深加工结转业务量飞速增长，对国内产业的示范和带动作用也进一步增强。显然，深加工结转货物监管已是加工贸易监管的重要组成部分，是加工贸易监管的重要环节之一，对促进我国经济快速、平稳、高质量发展起着重要作用。

深加工结转作业流程如图 2–2 所示。

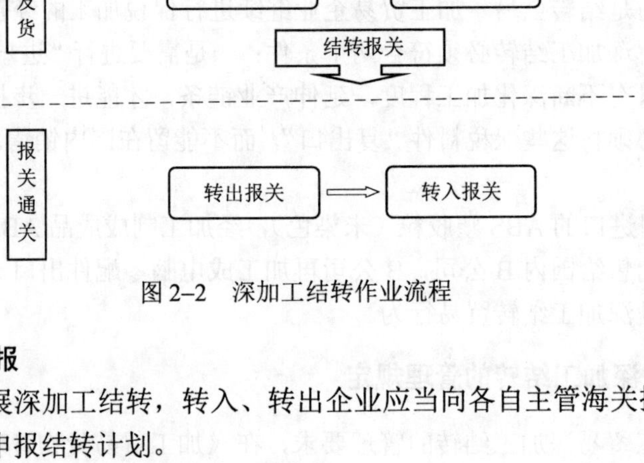

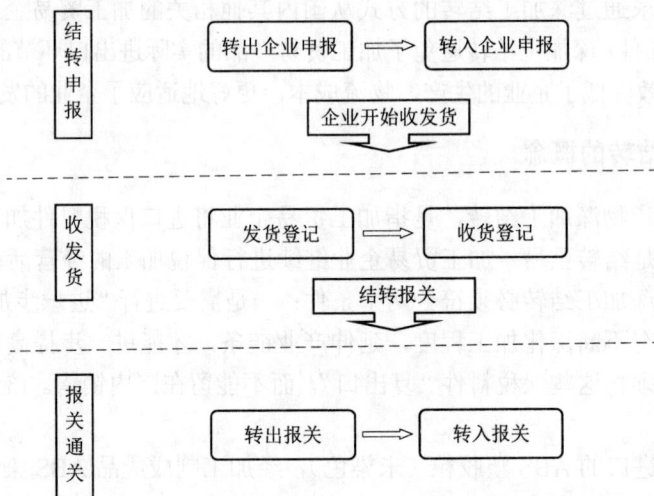

图 2–2 深加工结转作业流程

1. 深加工结转申报

加工贸易企业开展深加工结转，转入、转出企业应当向各自主管海关提交保税加工货物深加工结转申请表，申报结转计划。

（1）转出企业在申请表（一式四联）中填写本企业的转出计划并签章，凭申请表向转出地海关备案。

（2）转出地海关备案后，留存申请表第一联，其余三联退转出企业交转入企业。

（3）转入企业自转出地海关备案之日起20日内，持申请表其余三联，填制本企业的相关内容后，向转入地海关办理报备手续并签章。转入企业在20日内未递交申请表，或者虽向海关递交但因申请表的内容不符合海关规定而未获准的，该份申请表作废。转出、转入企业应当重新填报和办理备案手续。

（4）转入地海关审核后，将申请表第二联留存，第三、第四联交转入、转出企业凭以办理结转收发货登记及报关手续。加工贸易深加工结转申请表如表2–10所示。

表2–10　中华人民共和国加工贸易保税货物深加工结转申请表

申请表编号：

________海关：

我________公司（企业）需与________公司（企业）结转保税货物，特向你关申请，并保证遵守海关法律和有关监管规定

	项号	商品编号	品名	规格型号	数量	单位	转出手册号
结转货物出口情况							
说明							
	项号	商品编号	品名	规格型号	数量	单位	转出手册号
结转进口货物情况							

转出企业法定代表：　电话： 报关员：　电话： （企业盖章） 年　月　日	转入企业法定代表：　电话： 报关员：　电话： （企业盖章） 年　月　日
转出地海关： （海关盖章） 年　月　日	转出地海关： （海关盖章） 年　月　日
海关批注	

填表说明：1. 本表一式四联，第一、二联海关留存，第三、四联企业办理报关手续；

2. 企业须经双方海关同意后，方可进行实际收发货；

3. 结转双方的商品编号必须一致；

4. 企业必须按《申请表》内容进行实际收发货后方可办理结转报关手续；

5. 结转进出报关单对应的商品项号顺序必须一致；

6. 每批收发货后应在90天内办结该批货物的报关手续。

2. 深加工结转收发货登记

转出、转入企业办理结转计划申报手续后，应当按照经双方海关核准后的申请表进行实际收发货。

转出、转入企业的每批次收发货记录应当在保税货物实际结转情况登记表上进行如实登

记，并加盖企业结转专用名章。

结转货物退货的，转入、转出企业应当将实际退货情况在登记表中进行登记，同时注明“退货”字样，并各自加盖企业结转专用名章。

3. 深加工结转报关

转出、转入企业实际收发货后，应当按照以下规定办理结转报关手续。

（1）转出、转入企业分别在转出地、转入地海关办理结转报关手续。转出、转入企业可以凭一份申请表分批或者集中办理报关手续。

转出企业每批实际发货后在 90 日内办结该批货物的报关手续，转入企业每批实际收货后在 90 日内办结该批货物的报关手续。

（2）转入企业凭申请表、登记表等单证向转入地海关办理结转进口报关手续，并在结转进口报关后的第二个工作日内将报关情况通知转出企业。

（3）转出企业自接到转入企业通知之日起 10 日内，凭申请表、登记表等单证向转出地海关办理结转出口报关手续。

（4）结转进口、出口报关的申报价格为结转货物的实际成交价格。

（5）一份结转进口货物报关单对应一份结转出口货物报关单，两份报关单之间对应的申报序号、商品编号、数量、价格和手册号应当一致。

（6）结转货物分批报关的，企业应当同时提供申请表和登记表的原件及复印件。

4. 深加工结转业务细节

1）部门业务衔接

采购部门制订深加工结转进口计划，掌握深加工结转的执行动态；销售部分负责制订深加工结转出口计划，掌握深加工结转的执行动态；关务部门则负责收集深加工结转计划，向海关提出深加工结转申报、收发货登记，并完成报关申报工作；仓库则依照收发货指令准确及时地收发货。

2）注意事项

（1）企业办理加工贸易深加工结转业务应通过深加工结转预录入系统或通过标准数据接口向海关 H2010 系统申报结转数据。

（2）企业应当在每批实际收发货后 10 天内通过系统申报收发货单电子数据。因技术原因导致无法在规定期限内申报收发货单及退货单的，经主管海关同意，可适当延长申报时限，但最长不超过 20 天。

（3）每批结转货物实际收货后，转入、转出企业应当在次月底前办理该批货物的报关单申报手续，但不得超过手册（包括联网监管电子账册、电子化手册等电子底账）有效期或核销截止日期。

（4）企业在报核前应检查深加工结转报关单是否申报完毕。

（5）为满足进出口商品规范申报要求，深加工结转转出、转入的商品编码前 8 位应保持一致，对深加工结转申请表填报时出现商品编码不一致的，应遵循“转入为主、转出协调”的处理原则解决：以转入地主管海关归类为准。如转出、转入地主管海关的归类协调仍不能达成一致的，企业可以向转入地主管海关提出归类认定申请，由转入地主管海关根据相关规定进行归类认定，并按照归类部门最终确定的商品编码办理深加工结转手续。

（6）深加工结转双方办理结转报关手续时，转入、转出报关单的申报价格应为结转双方的实际成交价格。

5. 对深加工结转的过程管理要求

（1）企业关务人员要控制好深加工结转、送货数量与报关数量的平衡，通过深加工结转计划申报明细表，实时监控企业的深加工结转状态，降低因深加工结转问题而带来的违规风险。

（2）已送货未报关、已收货未报关货物应与对方（转入/转出企业）关务人员确定本月月底前完成结转报关手续。

（3）核销之前，企业关务人员需要完成所有实际收发货的报关申报作业，对不能够申报的，执行退货作业。

（四）加工贸易企业不得办理深加工结转手续的情形

（1）不符合海关监管要求，被海关责令限期整改，在整改期限内的。

（2）有逾期未报核手册的。

（3）由于涉嫌走私已经被海关立案调查，尚未结案的。

加工贸易企业未按照海关规定进行收发货的，不得再次办理深加工结转手续。在补办有关手续前，海关不再受理新的“深加工结转申请表”，并可根据实际情况暂停已办理“深加工结转申请表”的使用。

企业手册有下列情形之一的，海关对该手册的结转申报不予受理：

① 转出、转入企业相关手册已报核或已核销或已结案的；

② 转出、转入企业手册被海关暂停进出口的；

③ 转出、转入手册被海关挂账处理的。

三、加工贸易货物内销

（一）加工贸易货物内销的概念

加工贸易货物内销是指经营企业申请将加工贸易剩余料件或加工过程中的成品、半成品、残次品、边角料、副产品及受灾保税货物转为国内销售，不再加工复出口的行为。

（二）企业申请加工贸易货物内销需要向海关提交的资料

（1）商务主管部门出具的“加工贸易保税进口料件内销批准证”。

（2）企业申请报告。

（3）内销货物清单。

（4）海关监管需要的其他单证。

（三）加工贸易货物内销的作业流程

加工贸易货物内销的作业流程如图 2–3 所示。

1. 办理内销批准证、进口许可证

1）剩余料件、制成品或残次品的内销规定

（1）金额占该加工贸易合同项下实际进口料件总额 3%以内（含 3%）、且总值在人民币 1 万元以下（含 1 万元）的，商务主管部门免予审批，企业直接报主管海关核准，由主管海关按照规定计征税款和税款缓税利息后予以核销。属于发展改革委、商务部、环保总局及其授权部门进口许可证件管理范围的，免于提交许可证件。

（2）金额占该加工贸易合同项下实际进口料件总额3%以上或者总值在人民币 1 万元以上的，由商务主管部门按照有关内销审批规定审批，海关凭商务主管部门批件对合同内销的全部剩余料件按照规定计征税款和缓税利息。属于进口许可证件管理的，企业还须按照规定向海关提交有关进口许可证件。

2）副产品

（1）加工贸易企业需内销的副产品，由商务主管部门按照副产品实物状态列明内销商品名称，并按加工贸易有关内销规定审批，海关凭商务主管部门批件办理内销有关手续。对需内销的副产品，海关按照加工贸易企业向海关申请内销副产品的报验状态归类后的适用税率和审定的价格，计征税款和缓税利息。

（2）海关按照加工贸易企业向海关申请内销副产品的报验状态归类后，如属进口许可证件管理的，企业还须按照规定向海关提交有关进口许可证件。

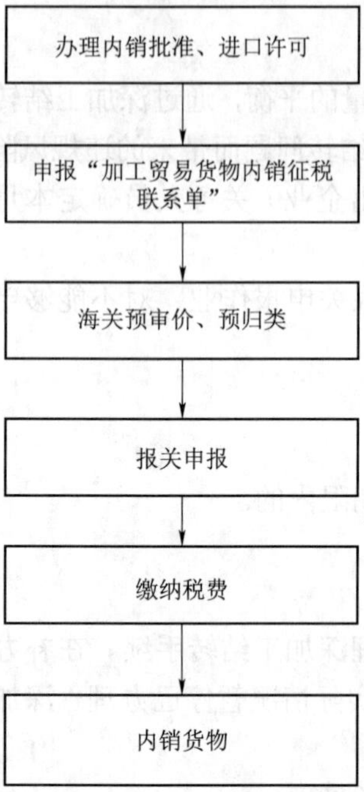

图 2–3 加工贸易货物内销作业流程

3）边角料

加工贸易企业申请内销边角料的，商务主管部门免予审批，企业直接报主管海关核准并办理内销有关手续。

（1）海关按照加工贸易企业向海关申请内销边角料的报验状态归类后适用的税率和审定的边角料价格计征税款，免征缓税利息。

（2）海关按照加工贸易企业向海关申请内销边角料的报验状态归类后，属于发展改革委员会、商务部、环保总局及其授权部门进口许可证件管理范围的，免于提交许可证件。

4）受灾保税货物

加工贸易受灾保税货物（包括边角料、剩余料件、残次品、副产品）在运输、仓储、加工期间发生灭失、短少、损毁等情事的，加工贸易企业应当及时向主管海关报告，海关可以视情况派员核查取证。

（1）不可抗力因素造成的加工贸易受灾保税货物，经海关核实，对受灾保税货物灭失或者虽未灭失但完全失去使用价值且无法再利用的，海关予以免税核销；对受灾保税货物虽失去原使用价值但可以再利用的，海关按照审定的受灾保税货物价格、其对应进口料件适用的税率计征税款和税款缓税利息后核销。受灾保税货物对应的原进口料件，属于发展改革委、商务部、环保总局及其授权部门进口许可证件管理范围的，免于提交许可证件。

（2）不可抗力因素外，加工贸易企业因其他经海关审核认可的正当理由导致加工贸易保税货物在运输、仓储、加工期间发生灭失、短少、损毁等情况的，海关凭商务主管部门的签注意见、有关主管部门出具的证明文件和保险公司出具的保险赔款通知书或者检验检疫部门出具的有关检验检疫的证明文件，按照规定予以计征税款和缓税利息后办理核销手续。除不可抗力因素外的受灾保税货物对应的原进口料件，如属进口许可证件管理范围的，企业须按照规定向海关提交有关进口许可证件。（海关根据其对应的进口料件价值，比照上述剩余料件、制成品或残次品的内销规定办理免证）

加工贸易货物的内销审批及许可证件申领的基本要求如图 2–4 所示。

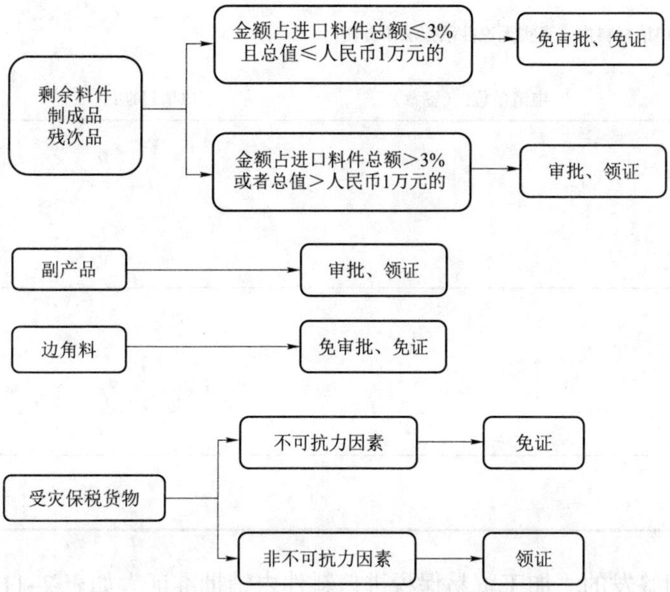

图 2–4　加工贸易货物的内销审批及许可证件申领基本要求

企业填制加工贸易货物内销申请审批表如表 2–10 所示。

表 2–10　加工贸易货物内销申请审批表

经营单位：　　　　　　　　　　　　　　　　联系电话：

<table>
<tr><td>手册编号</td><td colspan="2"></td><td colspan="2">货物类别</td><td colspan="3">料件、成品、边角料、残次品、副产品、受灾品</td></tr>
<tr><td colspan="8">申请内销货物（折合料件）情况</td></tr>
<tr><td>备案项号</td><td>货物名称</td><td>商品编码</td><td>规格型号</td><td>内销数量</td><td>单位</td><td>单价</td><td>总价</td></tr>
<tr><td></td><td></td><td></td><td></td><td></td><td></td><td></td><td></td></tr>
<tr><td></td><td></td><td></td><td></td><td></td><td></td><td></td><td></td></tr>
<tr><td></td><td></td><td></td><td></td><td></td><td></td><td></td><td></td></tr>
<tr><td></td><td></td><td></td><td></td><td></td><td></td><td></td><td></td></tr>
<tr><td></td><td></td><td></td><td></td><td></td><td></td><td></td><td></td></tr>
<tr><td colspan="8">有关情况说明：</td></tr>
</table>

续表

随附单证：1. 加工贸易进口料件内销批准证； 2. 加工贸易进口料件核算情况表； 3. 内销货物归类、价格相关资料； 4. 其他材料： 我公司声明以上申请材料内容真实无讹并承担法律责任。 申请单位：（签章） 申请日期：
初审意见：
复核意见：
备注：

商务主管部门签发的“加工贸易保税进口料件内销批准证”如表 2–11 所示。

表 2–11 加工贸易保税进口料件内销批准证

内销批准证号： 加内［20 ］第 号

1. 加工贸易经营企业名称：			2. 经营企业代码：			
3. 加工贸易业务批准证书：			4. 海关加工贸易登记手册号：			
5. 主管海关：			6. 贸易方式：			
7. 批准内销的进口料件清单						
序号	商品编码	商品名称	规格	单位	数量	金额
					合计（折合美元）	
8. 备注：		9. 审批机关签章： 10. 批准日期： 年 月 日				

注：本表一式三份（审批机关、海关、企业各一份）

2. 使用电子化手册企业的内销办理流程

（1）企业向原出具“加工贸易业务批准证”的商务主管部门申请内销，取得“加工贸易保税进口料件内销批准证”。若内销商品涉及配额、许可证等特殊管理措施的，仍须按规定报省级商务主管部门或商务部审批。

（2）企业通过 QP 系统录入有关“保税加工货物内销征税联系单”的电子数据，并发送至海关 H2000 系统。

（3）电子数据发送成功的，企业凭“加工贸易保税进口料件内销批准证”、内销料件清单、原进口报关单复印件等向主管海关加工贸易管理部门申请内销征税。若内销商品涉及许可证件的，也应一并提供。

（4）主管海关加工贸易管理部门对企业申报内销的商品的归类、价格审核确定后，H2000 系统自动向企业发送审核通过的信息回执，主管海关加工贸易管理部门打印纸质“加工贸易货物内销征税联系单”一式两份，一份留海关存档，一份交企业办理通关手续。

（5）企业按照“加工贸易货物内销征税联系单”内容在 QP 系统录入内销货物报关单电子数据，向 H2000 系统发送，报关单随附单证栏应填写对应的“加工贸易货物内销征税联系单”号码。

（6）企业在收到内销货物报关单审核通过的信息回执后，打印内销报关单并向主管海关征税部门办理征税结关手续。

（7）主管海关征税部门核对“加工贸易货物内销征税联系单”纸质或电子数据内容和内销报关单数据内容，确认无误后，按现行规定办理内销货物审单、征税、放行等海关手续。

（8）企业凭税单缴纳完税款及缓税利息后，才可以发生实质性内销行为。

3. 使用电子账册企业的内销办理流程

使用电子账册的企业，如果逐票办理内销征税手续，即“先税后销”的，业务流程同电子化手册企业；如果按照月度集中办理内销征税手续的，即“先销后税”的，必须先取得主管海关加工贸易管理部门的批准，并按下述流程办理。

（1）企业预估本月内销量，向原出具“加工贸易业务批准证”的商务主管部门申请内销，取得“加工贸易保税进口料件内销批准证”。若内销商品涉及配额、许可证等特殊管理措施的，仍须按规定报省级商务主管部门或商务部审批。

（2）企业在“加工贸易保税进口料件内销批准证”范围内先实行内销保税料件或其制成品，企业应控制内销保税料件的总量不能超出“加工贸易保税进口料件内销批准证”审批数量。

（3）在内销当月内，企业汇总已内销的保税料件数量，通过 QP 系统录入有关“保税加工货物内销征税联系单”的电子数据，并发送至海关 H2000 系统。

（4）电子数据发送成功的，企业凭“加工贸易保税进口料件内销批准证”、内销料件清单、原进口报关单复印件等向主管海关加工贸易管理部门申请内销征税。若内销商品涉及许可证件的，也应一并提供。

（5）主管海关加工贸易管理部门对企业申报内销的商品的归类、价格审核确定后，H2000 系统自动向企业发送审核通过的信息回执，主管海关加工贸易管理部门打印纸质“加工贸易货物内销征税联系单”一式两份，一份留海关存档，一份交企业办理通关手续。

（6）企业按照“加工贸易货物内销征税联系单”内容在 QP 系统录入内销货物报关单电

子数据，向H2000系统发送，报关单随附单证栏应填写对应的“加工贸易货物内销征税联系单”号码。

（7）企业在收到内销货物报关单审核通过的信息回执后，打印内销报关单并向主管海关征税部门办理征税结关手续。

（8）主管海关征税部门核对“加工贸易货物内销征税联系单”纸质或电子数据内容和内销报关单数据内容，确认无误后，按现行规定办理内销货物审单、征税、放行等海关手续。

（9）企业凭税单缴纳完税款及缓税利息。

4. 加工贸易货物内销集中纳税

加工贸易内销集中征税是指符合条件的加工贸易企业先行内销加工贸易保税货物，再集中向主管海关办理内销纳税手续。

1）办理条件

（1）我国一般信用及以上加工贸易企业可以办理。

（2）企业采用集中纳税模式办理内销手续，需事先向海关提交《集中办理内销纳税手续情况表》（如表2–12所示）备案，并按规定提供相应担保。

表2–12 集中办理内销纳税手续情况表

主管海关编号：（ ）关内销 号

企业名称		海关编码	
企业地址		企业类别	
联系人		联系电话	
每月计划内销额（美元）		保证金（保函）金额（元）	
海关保证金收据号			
保函开户机构		保函号	

企业承诺：

1. 本企业保证上述各项内容真实无讹。
2. 本企业保证月度内销纳税金额不超出申请的月计划内销纳税额度，如有变动，将主动变更保证金（保函）金额。
3. 本企业保证如实在《保税加工货物内销“集中申报”发货记录表》上记录内销情况，并在内销当月底前向海关集中办理内销纳税的申报手续。
4. 本企业保证自觉遵守海关的法律法规及对加工贸易内销的各项管理规定，承担履行的义务。

年 月 日 （企业盖章）

以上由企业填写

主管海关意见：

年 月 日

备注：1.（1）一般信用类企业保证金（保函）金额=企业计划月内销纳税金额×50%（征收全额保金保函者除外）；
（2）企业计划月内销纳税金额=企业计划月内销货物金额×汇率×综合税率（22%）；
（3）已在备案环节缴纳保证金的，无须重复缴纳。
2. 本表一式二份，主管海关一份，企业留存一份。

2）企业有下列情形之一的，海关不予办理

（1）涉嫌走私、违规已被海关立案调查、侦查，案件未审结的。

（2）逾期未报核加工贸易手册的。

（3）因为管理混乱被海关要求整改，在整改期内的。

3）海关事务担保手续

企业办理内销集中纳税，应按以下要求向海关提供担保。

（1）海关高级认证企业、一般认证企业无须提供担保。

（2）一般信用企业需提供有效担保，可采用海关保证金或有效期内银行保函两种形式：

一般信用企业保证金（保函）金额=企业计划月内销纳税金额×50%

其中，企业计划月内销纳税金额=企业计划月内销货物金额×企业申请时汇率×综合税率（22%）

（3）一般信用企业有下列情形之一的，或主管海关有理由认为企业存在较高风险的，海关可视风险程度要求企业缴纳相当于企业月计划内销纳税金额的全额保证金（保函）：

① 租赁厂房或者设备的；

② 加工贸易手册两次或者两次以上延期的。

（4）企业在备案环节已缴纳保证金，且已缴纳保证金金额超过上述第四条计算的保证金应缴金额的，无须重复缴纳；但若在企业内销集中征税期间，在备案环节缴纳保证金金额的手册已核销结案、备案环节征收的保证金已退还导致保证金金额不足时，应补缴相应保证金或变更保函金额。

企业月度内销纳税金额超出申请的月计划内销纳税金额时，应在额度超出前到主管海关补缴相应保证金或变更保函金额。

（四）加工贸易货物内销的其他管理要求

企业内销加工贸易货物后，须在当月月底前向主管海关集中办理《加工贸易内销征税联系单》，且不得超过手册有效期。

已适用内销集中纳税的加工贸易企业，有下列情形之一的，终止适用内销集中纳税。

（1）企业涉嫌走私、违规，被海关立案调查、侦查，案件未审结的。

（2）企业一年内月实际内销征税金额超过月计划纳税金额两次及以上，未及时到海关办理相应手续的。

（3）企业内销加工贸易货物后，未经海关批准不在规定时间内向主管海关办理集中申报手续的。

（4）企业先行内销加工贸易货物后无法按规定提交商务主管部门《加工贸易保税进口料件内销批准证》及其他许可证件的。

（5）企业手册到期未及时办理报核手续的。

（6）因管理混乱被海关要求整改的。

（7）企业被降为失信企业的。

（8）企业自主申请终止资格的。

企业终止内销集中征税，海关应在企业履行完纳税手续后为其办理保证金退还手续。

采用内销集中纳税的企业应及时填写《集中办理内销纳税手续发货记录单》（如表 2–13 所示），并在内销加工贸易货物后的当月月底前并在手册有效期内，按规定凭商务主管部门《加工贸易保税进口料件内销批准证》办理内销申报手续。

表 2–13 集中办理内销纳税手续发货记录单

企业名称： 企业编码 企业类别：

内销时间段： 年 月 计划每月内销额（美元）：

发货日期	手册号	商品编码	商品名称	数量	单位	金额（美元）
总计						

备注：企业应分月逐笔填写内销记录表，以备海关核查。

加工贸易企业内销商品中如涉及许可证件管理的商品，应当在取得相应许可证件后，向海关办理内销集中申报手续。

已取消商务主管部门《加工贸易保税进口料件内销征税批准证》审批省份的企业，办理内销集中申报手续时，不再收取《加工贸易保税进口料件内销征税批准证》。

课后练习

1. 什么时候海关保税加工监管？
2. 简述保税加工的范围。
3. 简述电子化手册管理模式下的加工贸易合同备案。
4. 简述电子化手册管理模式下的加工贸易合同核销。
5. 简述电子账册管理模式下的加工贸易合同备案。

6. 简述电子账册管理模式下的加工贸易货物报关。
7. 简述电子账册管理模式下的加工贸易合同报核。
8. 简述电子账册管理模式下的加工贸易中期核查。
9. 简述外发加工与深加工结转业务的区别。
10. 简述加工贸易剩余料件、制成品或残次品的内销规定。
11. 简述加工贸易副产品的内销规定。
12. 简述加工贸易边角料的内销规定。

第三章

保税监管场所

学习目标

了解保税仓库、出口监管仓库、保税物流中心 B 型各自所具备的功能，以及进出保税监管场所的报关程序。

技能目标

能够基本准确地根据货物的流向以及用途来区别进出保税监管场所的报关业务。

学习内容

本章主要介绍保税仓库、出口监管仓库、保税物流中心的设立背景及目的，其功能和海关政策管理、进出保税监管场所的具体报关业务环节。

保税监管场所管理规则是根据我国海关加入的《关于简化和协调海关制度的国际公约》（以下简称《京都公约》）专项附约“海关仓库”条款制定的。《京都公约》囊括了各项海关业务制度，被公认为国际海关领域的基础性公约。根据《京都公约》对海关仓库的定义，进口货物在进口时，尚不知最后会作何处理，可选择存放一段时间；如准备供境内使用，可推迟到货物真正成为境内使用时才缴纳进口税费；进口商还可选择将货物存放在仓库内，以便货物免受有关的限制和禁止规定；如货物准备重新出口，则以一种免纳进口税费的海关制度来存放。多数国家立法准许货物存放在仓库期间免纳进口税费，其目的主要是为了最大限度地方便贸易。

保税监管场所的功能主要包括以下三个方面：一是在货物供境内使用通关出库前，无缴纳进口税费的义务，如重新出口，则免除进口税费；二是为存放货物者提供更多时间，便于其在国内外市场洽谈销售，或以另一种海关制度加工、制造；三是不只限于进口货物，原产于本国货物也可存放（拟出口的应缴或已缴国内税费的货物可允许存入，以使货物具有免除或退还国内税费的资格，条件是货物日后必须出口）。我国海关监管的保税仓库具备前两项功能，出口监管仓库具备第三项功能而保税物流中心（B 型）则基本具备了所有三项功能。

第一节　保税仓库

一、保税仓库概况

（一）保税仓库设立的背景和目的

随着现代产业链的不断延伸和第三方物流的崛起，保税仓库在供应链中的地位不断提高，作用日益明显。保税仓库不仅能为我国加工贸易的转型升级和可持续发展提供配套的保税物流服务，同样可以为一般贸易货物提供物流服务，服务贸易和国际转口贸易也将从中受益。保税仓库管理制度是各国海关通行的一种监管制度，保税仓库的功能使其在国际贸易中发挥着不可替代的作用。

随着改革开放的深入和经济全球化步伐的推进，传统物流已逐渐开始转向现代物流。第三方物流的蓬勃发展要求保税仓库拓展政策限制和相关功能作用，参与供应链分工和运作。为顺应现代物流和国际市场需求，保税仓库根据现代企业制度追求的物流运转“零库存”的目标，按照不同商品特点要求、不同国家或地区市场的偏好，进行各种专业化仓储、分拣与再包装、拼装集运，发挥其一系列综合服务功能。

（二）保税仓库的定义

保税仓库是指经海关批准设立的专门存放保税货物及其他未办结海关手续货物的仓库。

我国的保税仓库根据使用对象分为公用型和自用型两种。

1. 公用型保税仓库

公用型保税仓库由主营仓储业务的中国境内独立企业法人经营，专门向社会提供保税仓储服务。

2. 自用型保税仓库

自用型保税仓库由特定的中国境内独立企业法人经营，仅存储供本企业自用的保税货物。

根据所存货物的特定用途，公用型保税仓库和自用型保税仓库下面还衍生出一种专用型保税仓库，即专门用来存储具有特定用途或特殊种类商品的保税仓库，包括液体危险品保税仓库、备料保税仓库、寄售维修保税仓库和其他专用保税仓库。其中液体危险品保税仓库是指符合国家关于危险化学品存储规定的，专门提供石油、成品油或者其他散装液体危险化学品保税仓储服务的保税仓库。

（三）保税仓库的功能定位

保税仓库的功能单一，就是仓储，而且只能存放进境货物。

保税仓库不得存放国家禁止进境货物，不得存放未经批准的影响公共安全、公共卫生或健康、公共道德或秩序的国家限制进境货物及其他不得存入保税仓库的货物。

（四）保税仓库各项管制规定

1. 贸易管制

由境外存入保税仓库的货物，除消耗臭氧层物质、监控化学品和易制毒化学品等国家另有规定的外，不实行配额及许可证件管理。

2. 特殊管理

（1）保税仓储货物可以进行包装、分级分类、加刷唛码、分拆、拼装等简单加工，不得进行实质性加工。

（2）保税仓储货物，未经海关批准，不得擅自出售、转让、抵押、质押、留置、移作他用或者进行其他处置。

（3）保税仓储货物存储期限为 1 年。确有正当理由的，经海关同意可予以延期；除特殊情况外，延期不得超过 1 年。

（4）保税仓库不得转租、转借给他人经营，不得下设分库。

3. 税收征管

1）保税规定

保税仓库应当按照海关批准的存放货物范围和商品种类开展保税仓储业务。下列货物，经海关批准可以存入保税仓库：

（1）加工贸易进口货物；

（2）进口货物；

（3）供应国际航行船舶和航空器的油料、物料和维修用零部件；

（4）供维修外国产品所进口寄售的零配件；

（5）进口商暂存货物；

（6）未办结海关手续的一般贸易货物；

（7）经海关批准的其他未办结海关手续的货物。

2）征免税规定

下列保税仓储货物出库时，海关依法免征关税和进口环节代征税：

（1）用于在保修期限内免费维修有关外国产品并符合无代价抵偿货物有关规定的零部件；

（2）用于国际航行船舶和航空器的油料、物料；

（3）国家规定免税的其他货物。

3）损毁、灭失责任

保税仓储货物在存储期间发生损毁或者灭失的，除不可抗力外，保税仓库应当依法向海关缴纳损毁、灭失货物的税款，并承担相应的法律责任。

二、保税仓库的设立

（一）申请设立保税仓库的条件

申请设立保税仓库的企业应当具备以下条件。

（1）经工商行政管理部门注册登记，具有企业法人资格。

（2）具备向海关缴纳税款的能力。

（3）具有专门存储保税货物的营业场所。

（4）经营特殊许可商品存储的，应当持有规定的特殊许可证件。

（5）经营备料保税仓库的加工贸易企业，年出口额最低为1 000万美元。

（6）法律、行政法规、海关规章规定的其他条件。

（二）保税仓库应具备的条件

保税仓库应当设立在设有海关机构、便于海关监管的区域。申请设立保税仓库的企业应当是已在海关办理进出口收发货人注册登记的，不同时拥有报关企业身份的企业，同时还应当具备下列条件。

（1）符合海关对保税仓库布局的要求。

（2）具备符合海关监管要求的安全隔离设施、监管设施和办理业务必需的其他设施。

（3）具备符合海关监管要求的保税仓库计算机管理系统并与海关联网。

（4）具备符合海关监管要求的保税仓库管理制度、符合会计法要求的会计制度。

（5）符合国家土地管理、规划、交通、消防、安全、质检、环保等方面法律、行政法规及有关规定。

（6）公用保税仓库面积最低为2 000平方米。

（7）液体危险品保税仓库容积最低为5 000立方米。

（8）寄售维修保税仓库面积最低为2 000平方米。

（9）法律、行政法规、海关规章规定的其他条件。

（三）申请设立保税仓库时应提交的材料

（1）保税仓库申请书。

（2）保税仓库申请事项表。

（3）可行性报告。

（4）经营企业法人工商营业执照复印件。

（5）税务登记证复印件（国税和地税）。

（6）股权结构证明书复印件（合资企业）。

（7）开户银行证明复印件。

（8）拟开展保税仓储的营业场所的用地土地所有权或使用权证明复印件，以及拟开展保税仓储的营业场所的产权证明，属租借房屋的还应收取房屋租赁合同。

（9）申请设立的保税仓库位置图及平面图。

（10）仓库管理制度。

（11）对申请设立寄售维修型保税仓库的，还应收取经营企业与外商的维修协议。

（12）经营企业财务制度与会计制度。

（13）消防验收合格证书（易燃易爆危险品仓库）或者企业自行打印并加盖企业公章的《建筑工程消防验收备案情况》及“消防办事大厅”备案受理系统公告结果（非易燃易爆危险物品仓库）。

（14）海关按规定需收取的其他单证和材料。

企业申请设立保税仓库时，如仓库已建成或租赁仓库经营的，以上所有单证、文件应一次性提交；如保税仓库尚在建设中的，以上第 8、13 项单证可在仓库验收时提交。

（四）保税仓库办理流程

1. 许可的申请、受理、审查、决定

（1）申请人向仓库所在地主管海关递交申请材料，海关当场或在 5 个工作日内决定是否受理：对申请材料不齐全或者不符合法定形式的，应当场或者在签收申请材料后 5 日内一次告知申请人需补正的全部内容；决定受理的，制发《海关行政许可申请受理决定书》；决定不予受理的，制发《海关行政许可申请不予受理决定书》。

（2）主管海关受理申请后，于受理之日起 20 个工作日内审查完毕，填写《海关保税仓库/出口监管仓库审批表》，将初审意见和相关材料报直属海关，必要时主管海关可派员到仓库现场进行验核。

（3）直属海关应自收到仓库所在地主管海关报送的审查意见之日起 20 个工作日内作出决定。批准设立的，制发《海关准予行政许可决定书（保税仓库项目）》；不予批准的，制发《海关不予行政许可决定书（保税仓库项目）》，说明理由，并告知申请人享有依法申请行政复议或者提起行政诉讼的权利。

（4）申请人应当自海关出具批准文件之日起 1 年内向仓库所在地主管海关书面申请对保税仓库的验收，无正当理由逾期未申请验收或者验收不合格的，该许可决定书自动失效。

（5）仓库主管海关自接到企业书面申请及随附相关材料之日起 10 日内进行实地验收，填写《海关保税仓库/出口监管仓库勘验记录表》并将相关材料报直属海关审核。申请验收时的保税仓库应当符合“申请条件”的相关要求。

（6）直属海关自收到主管海关报送材料之日起 10 日内审核完毕，必要时可会同仓库主管地海关进行实地核实。对验收合格的仓库，直属海关核发《保税仓库注册登记证书》，批准开展相关业务。对验收不合格的，海关应书面告知申请人。

（7）直属海关应按照行政许可要求出具批准文件，由仓库主管海关将批准文件转交到企业。

2. 许可的变更

保税仓库需变更名称、地址、仓储面积等事项的，应当经主管海关和直属海关审批同意，应向仓库主管海关提交以下资料。

（1）书面申请（暂无格式文书）。

（2）可行性报告。

（3）保税仓库注册登记证书。

（4）进出口货物收发货人注册登记证书。

（5）工商营业执照和税务登记证书。

（6）保税仓库设立的批准文件。

（7）仓库土地使用权证明文件或租赁仓库的租赁协议、仓库地理位置及平面图等有关资料、仓库竣工合格证明文件和仓储设施消防验收合格证书或《建筑工程消防验收备案情况》及“消防办事大厅”备案受理系统公告结果（仅变更仓库地址和仓储面积时提供）。

上述资料凡提供复印件的，应当同时提交原件以供海关核对。对其中变更仓库地址、仓储面积的，海关应根据企业申请，在批准变更 1 年内、新库址开展业务前，按规定进行重新验收。海关认为必要时应下库核实变更事项。

企业申请变更单证齐全、有效，且仓库地址、面（容）积、库位等变更后仍达到保税仓库应具备条件的，应填制《海关保税仓库/出口监管仓库审批表》，并随附企业申请资料报送直属海关审批。直属海关审核准予变更的，应予以批注，并将有关材料交仓库主管海关留存。保税仓库注册变更后，仓库主管海关应向企业出具《海关保税仓库变更/延期通知书》。

保税仓库经营企业需变更企业名称、注册资本、组织形式、法定代表人等事项的，应于批准文件下发之日起 10 日内向仓库主管海关提交变更文件资料的复印件，经仓库主管海关和直属海关审批并进行重新审核。上述事项的变更不得改变仓库经营企业的主体，变更后仍需满足保税仓库经营企业设立许可时需要具备的条件。

3. 许可的延续

《海关保税仓库注册登记证书》的有效期为 3 年。

仓库经营企业申请延期的，应在注册登记证书有效期届满 30 个工作日前向仓库主管海关提交以下资料。

（1）保税仓库的延期申请（暂无格式文书）。

（2）海关保税仓库注册登记证书。

（3）工商营业执照和税务登记证书复印件。

（4）进出口货物收发货人注册登记证书。

（5）保税仓库的库址，土地使用权证明文件，或者租赁仓库的租赁协议，或者租赁土地建仓库的租赁协议。

（6）需要提交的其他资料。

上述资料凡提供复印件的，应当同时提交原件以供海关核对。

海关应当在注册登记许可有效期届满前作出是否准予延期的决定：仓库主管海关在收到申请后填写《海关出口监管仓库/保税仓库审批表》，并于 15 个工作日内将审核意见报直属海关，直属海关在 15 个工作日内作出是否准予延期的决定。直属海关审核准予延期的，应予以批注，并将有关材料交仓库主管海关留存。

4. 许可的撤销

保税仓库经营企业以隐瞒真实情况、提供虚假资料等不正当手段取得设立保税仓库行政许可的，由仓库主管海关书面报告直属海关，经审核后撤销企业的经营资格。

5. 许可的注销

保税仓库有下列情形之一的，海关应书面通知保税仓库企业，依法注销其注册登记，并收回《保税仓库注册登记证书》。

（1）经营期满、合约中止或终止的。

（2）丧失设立保税仓库条件的。

（3）无正当理由连续 6 个月未经营保税仓储业务的。

（4）保税仓库不参加年审或者年审不合格的。

注销保税仓库的，企业应提交：① 经营企业出具的保税仓库注销申请；②《保税仓库注册登记证书》；③ 保税仓库库存货物处理报告；④ 需要提交的其他资料。

仓库主管海关收到注销申请后，核实保税仓库无库存货物及其他遗留问题后，应填制《海关保税仓库/出口监管仓库审批表》，并随附企业相关材料报直属海关审批。直属海关审核准予注销的，应予以批注，并将有关材料交仓库主管海关留存。

三、保税仓库货物报关程序

1. 进仓报关

保税仓库货物进境入仓，收发货人或代理人应当在仓库主管海关办理报关手续，经主管海关批准，也可以直接在进境口岸海关办理报关手续。保税仓库货物进境入仓，除国家另有规定外，免领进口许可证件。

如果仓库主管海关与进境口岸海关不是同一直属海关的，经营企业可以按照"提前报关转关"的方式，先到仓库主管海关申报，再到口岸海关办理转关手续，货物运到仓库，由主管海关验放入仓，或者按照"直接转关"的方式，先到口岸海关转关，货物运到仓库，向主管海关申报，验放入仓。

如果仓库主管海关与进境口岸海关是同一直属海关的，经直属海关批准，可不按照转关运输方式办理，由经营企业直接在口岸海关办理报关手续，口岸海关放行后，企业自行提取货物入仓。

2. 出仓报关

保税仓库货物出仓可能出现进口报关和出口报关两种情况。

1）出口报关

保税仓库出仓复运出境货物，应当按照转关运输方式办理出仓手续。仓库主管海关和口岸海关是同一直属海关的，经直属海关批准，可以不按照转关运输方式，由企业自行提取货物出仓到口岸海关办理出口报关手续。

2）进口报关

保税仓库货物出仓运往境内其他地方转为正式进口的，必须经主管海关保税监管部门审核同意。转为正式进口的同一批货物，要填制两份报关单：一份办结出仓报关手续，填制出口货物报关单，"贸易方式"栏填"保税间货物"（代码1200）；一份办理进口申报手续，按照实际进口监管方式，填制进口货物报关单。进口手续大体可分为以下内容。

（1）保税仓库货物出仓用于加工贸易的，由加工贸易企业或其代理人按保税加工货物的报关程序办理进口报关手续。

（2）保税仓库货物出仓用于可以享受特定减免税的特定地区、特定企业和特定用途的，由享受特定减免税的企业或其代理人按特定减免税货物的报关程序办理进口报关手续。

（3）保税仓库货物出仓进入国内市场或使用于境内其他方面，包括保修期外维修，按一般进口货物的报关程序办理进口报关手续。

（4）保税仓库内的寄售维修零配件申请以保修期内免税出仓的，由保税仓库经营企业办理进口报关手续，填制进口货物报关单，"贸易方式"栏填"无代价抵偿"（代码3100），并确认免税出仓的维修件在保修期内且不超过原设备进口之日起3年，维修件由外商免费提供，更换下的零部件合法处理。

3）集中报关

保税货物出仓批量少、批次频繁的，经海关批准可以办理集中报关手续。

集中报关出仓的，保税仓库经营企业应当向主管海关提出书面申请，写明集中报关的商品名称、发货流向、发货频率、合理理由。

集中报关由主管海关的分管关长审批，并按以下要求办理手续。

（1）仓库主管海关可以根据企业资信状况和风险度收取保证金。

（2）集中报关的时间根据出货的频率和数量、价值合理设定。

（3）为保证海关有效监管，企业当月出仓的货物最迟应在次月前 5 个工作日内办理报关手续，并且不得跨年度申报。

3. 流转报关

保税仓库与海关特殊监管区域或其他海关保税监管场所往来流转的货物，按转关运输的有关规定办理相关手续。

保税仓库和特殊监管区域或其他海关保税监管场所在同一直属关区内的，经直属海关批准，可不按转关运输方式办理。

保税仓库货物转往其他保税仓库的，应当各自在仓库主管海关报关，报关时应先办理进口报关，再办理出口报关。

第二节　出口监管仓库

一、出口监管仓库概况

（一）出口监管仓库设立的背景和目的

1988 年，为支持和鼓励扩大出口，方便企业及时结汇，我国第一家出口监管仓库在深圳设立。1992 年，为加强海关对出口监管仓库的管理，《中华人民共和国海关对出口监管仓库的暂行管理办法》公布实施。出口监管仓库的设立有效缓解了口岸交通的压力，发挥了临港仓储以及加工贸易结转的中转仓储作用，为当时尚处于市场经济发展最初期的对外经济贸易发展作出了积极贡献。

21 世纪初，伴随着全球经济一体化的发展和第三方物流的兴起，出口监管仓库单一的储存功能制约了其自身正常的发展，以手工操作为特征的监管模式难以适应专业物流快速运作的要求。为适应现代物流的迅猛发展，2005 年 11 月，海关总署制定并颁布了《出口监管仓库管理办法》，并于 2006 年 1 月 1 日正式实施，我国对出口监管仓库政策和管理制度进行了重大调整。

《出口监管仓库管理办法》一方面突破了传统出口监管仓库的单一功能定位，赋予了出口监管仓库简单加工和品质检测等增值服务功能，充分发挥出出口监管仓库作为国际预配送中心的作用；另一方面统一规范了出口监管仓库的管理模式，实现了出口监管仓库物流信息处理智能化，使之与海关以科技手段为主要特征的信息化管理和风险管理机制更加协调。

（二）出口监管仓库的定义

出口监管仓库，是指经海关批准设立，对已办结海关出口手续的货物进行存储、保税物流配送，提供流通性增值服务的海关专用监管仓库。

出口监管仓库分为出口配送型仓库和国内结转型仓库。

出口配送型仓库是指存储以实际离境为目的的出口货物的仓库。

国内结转型仓库是指存储用于国内结转的出口货物的仓库。

（三）出口监管仓库的功能定位

出口监管仓库的功能也只有仓储，主要用于存放出口货物。

出口监管仓库不得存放以下货物：国家禁止进出境货物；未经批准的国家限制进出境货物和海关规定不得存放的货物。

（四）出口监管仓库各项管制规定

1. 贸易管制

存入出口监管仓库的出口货物，按照国家规定应当提交许可证件，发货人或者其代理人应当提交许可证件；出口监管仓库货物转进口，按照国家规定应当提交许可证件的，发货人或者其代理人应当提交许可证件。

2. 特殊管理

（1）出口监管仓库不得存放国家禁止进境货物，不得存放未经批准的影响公共安全、公共卫生或健康、公共道德或秩序的国家限制进境货物以及其他不得存入出口监管仓库的货物。

（2）存入出口监管仓库的货物不得进行实质性加工。经主管海关同意，可以在仓库内进行品质检验、分级分类、分拣分装、加刷唛码、刷贴标志、打膜、改换包装等流通性增值服务。

（3）出口监管仓库货物未经海关批准，不得擅自出售、转让、抵押、质押、留置、移作他用或者进行其他处置。

（4）出口监管仓库所存货物存储期限为 6 个月。经主管海关同意可以延期，但延期不得超过 6 个月。货物存储期满前，仓库经营企业应当通知发货人或者其代理人办理货物的出境或者进口手续。

（5）出口监管仓库必须专库专用，不得转租、转借给他人经营，不得下设分库。

3. 税收征管

1）保税规定

经海关批准，下列货物可以存入出口监管仓库。

（1）一般贸易出口货物。

（2）加工贸易出口货物。

（3）从其他海关特殊监管区域、场所转入的出口货物。

（4）出口配送型仓库可以存放为拼装本仓库出口货物而进口的货物，以及为改换本仓库货物包装而进口的包装物料。

（5）其他已办结海关出口手续的货物。

2）征免税规定

（1）进入出口监管仓库的货物即视同正式出口，按照国家规定应当缴纳出口关税的，发货人或者其代理人应当缴纳税款；出口监管仓库货物转进口的，发货人或者其代理人应当缴纳税款。

（2）对经批准享受入仓即退税政策的出口监管仓库，海关在货物入仓结关后予以签发出口货物报关单证明联。

3）损毁、灭失责任

出口监管仓库仓储货物在存储期间发生损毁或者灭失的，除不可抗力外，出口监管仓库应当依法向海关缴纳损毁、灭失货物的税款，并承担相应的法律责任。

二、出口监管仓库的设立

（一）申请设立出口监管仓库的条件

申请设立出口监管仓库的经营企业应当具备以下条件。

（1）已经在工商行政管理部门注册登记，具有企业法人资格。

（2）具有进出口经营权和仓储经营权。

（3）具备向海关缴纳税款的能力。

（4）具有专门存储货物的场所，其中出口配送型仓库的面积不得低于 5 000 平方米，国内结转型仓库的面积不得低于 1 000 平方米。

（二）出口监管仓库应当具备的条件

（1）符合区域物流发展和海关布局要求，符合国家土地管理、规划、交通、消防、安全、环保等有关法律、行政法规的规定。

（2）具有符合海关监管要求的安全隔离设施、监管设施和办理业务必需的其他设施。

（3）具有符合海关监管要求的计算机管理系统，并与海关联网。

（4）建立出口监管仓库的章程、机构设置、仓储设施及账册管理和会计制度等仓库管理制度。

（5）自有仓库的，具有出口监管仓库的产权证明；租赁仓库的，具有租赁期限 5 年以上的租赁合同。

（6）消防验收合格。

（三）申请设立出口监管仓库时应提交的材料

（1）出口监管仓库申请书。

（2）出口监管仓库申请事项表。

（3）申请设立出口监管仓库企业的申请报告及可行性报告。

（4）申请设立出口监管仓库企业成立批文或者有关主管部门批准开展有关业务的批件复印件。

（5）申请设立出口监管仓库企业工商营业执照和税务登记证复印件。

（6）申请设立出口监管仓库企业《进出口货物收发货人注册登记证书》或者《报关企业注册登记证书》复印件。

（7）出口监管仓库库址土地使用权证明文件或者租赁仓库的租赁协议复印件。

（8）仓库地理位置示意图及平面图。

前款所列文件凡提供复印件的，应当同时提交原件以供海关核对。

（四）出口监管仓库办理流程

1. 许可的申请、受理、审查、决定

（1）申请人向仓库所在地主管海关递交申请材料，海关当场或在5个工作日内决定是否受理：对申请材料不齐全或者不符合法定形式的，应当场或者在签收申请材料后5日内一次告知申请人需补正的全部内容；决定受理的，制发《海关行政许可申请受理决定书》；决定不予受理的，制发《海关行政许可申请不予受理决定书》。

（2）主管海关受理申请后，于受理之日起20个工作日内审查完毕，填写《海关保税仓库/出口监管仓库审批表》，将初审意见和相关材料报直属海关，必要时主管海关可派员到仓库现场进行验核。

（3）直属海关应自收到仓库所在地主管海关报送的审查意见之日起 20 个工作日内作出决定。批准设立的，制发《海关准予行政许可决定书（出口监管仓库项目）》；不予批准的，制发《海关不予行政许可决定书（出口监管仓库项目）》，说明理由，并告知申请人享有依法申请行政复议或者提起行政诉讼的权利。

（4）申请人应当自海关出具批准文件之日起1年内向仓库所在地主管海关书面申请对出口监管仓库的验收，无正当理由逾期未申请验收或者验收不合格的，该许可决定书自动失效。

（5）仓库主管海关自接到企业书面申请及随附相关材料之日起10日内进行实地验收，填写《海关保税仓库/出口监管仓库勘验记录表》并同相关材料报直属海关审核。申请验收时的出口监管仓库应当符合“申请条件”的相关要求。

（6）直属海关自收到主管海关报送材料之日起10日内审核完毕，必要时可会同仓库主管地海关进行实地核实。

（7）对验收合格的仓库，直属海关核发《出口监管仓库注册登记证书》，批准开展相关业务。对验收不合格的，海关应书面告知申请人。

（8）直属海关应按照行政许可要求出具批准文件，由仓库主管海关将批准文件转交到企业。

2. 许可的变更

出口监管仓库需变更名称、地址、仓储面积等事项的，应当经主管海关和直属海关审批同意，向仓库主管海关提交以下资料。

（1）书面申请。

（2）可行性报告。

（3）海关出口监管仓库注册登记证书。

（4）进出口货物收发货人注册登记证书。

（5）工商营业执照和税务登记证书。

（6）出口监管仓库设立的批准文件。

（7）仓库土地使用权证明文件或租赁仓库的租赁协议、仓库地理位置及平面图等有关资料、仓库竣工合格证明文件和仓储设施消防验收合格证书或《建筑工程消防验收备案情况》及“消防办事大厅”备案受理系统公告结果（仅变更仓库地址和仓储面积提供）。

上述资料凡提供复印件的，应当同时提交原件以供海关核对。对其中变更仓库地址、仓储面积的，海关应根据企业申请，在批准变更1年内、新库址开展业务前，按规定进行重新验收。海关认为必要时应下库核实变更事项。

变更申请材料齐全、有效且仓库地址、面（容）积、库位等变更后仍达到出口监管仓库应具备条件的，仓库主管海关应填制《海关保税仓库/出口监管仓库审批表》，并随附企业申请资料报送直属海关审批。直属海关审核准予变更的，应予以批注，并将有关材料交仓库主管海关留存。出口监管仓库注册变更后，仓库主管海关应向企业出具《海关出口监管仓库变更/延期通知书》。

出口监管仓库经营企业需变更企业名称、注册资本、组织形式、法定代表人等事项的，应于批准文件下发之日起10日内向仓库主管海关提交变更文件资料复印件，经仓库主管海关和直属海关审批并进行重新审核。上述事项的变更不得改变仓库经营企业的主体，变更后仍需满足出口监管仓库经营企业设立许可时需要具备的条件。

3. 许可的延续

《海关出口监管仓库注册登记证书》的有效期为3年。

仓库经营企业申请延期的，应在注册登记证书有效期届满 30 个工作日前向仓库主管海关提交以下资料。

（1）出口监管仓库延期申请（暂无格式文书）。

（2）海关出口监管仓库注册登记证书。

（3）工商营业执照和税务登记证书。

（4）进出口货物收发货人注册登记证书。

（5）出口监管仓库库址、土地使用权证明文件或者租赁仓库的租赁协议或者租赁土地建仓库的租赁协议。

（6）需要提交的其他资料。上述资料凡提供复印件的，应当同时提交原件以供海关核对。

海关应当在注册登记许可有效期届满前作出是否准予延期的决定：仓库主管海关在收到申请后填写《海关出口监管仓库/保税仓库审批表》，并于15个工作日内将审核意见报直属海关，直属海关在15个工作日内作出是否准予延期的决定。直属海关审核准予延期的，应予以批注，并将有关材料交仓库主管海关留存。

4. 许可的撤销

出口监管仓库经营企业以隐瞒申请情况或提供虚假申请资料等不正当手段取得设立出口监管仓库行政许可的，由仓库主管海关书面报告直属海关，经审核通过后撤销企业的经营资格。

5. 许可的注销

出口监管仓库有下列情形之一的，海关应书面通知出口监管仓库企业，依法注销其注册登记，并收回《出口监管仓库注册登记证书》。

（1）无正当理由连续6个月未开展业务的。

（2）无正当理由逾期未申请延期审查或者延期审查不合格的。

（3）仓库经营企业书面申请变更出口监管仓库类型的。

（4）仓库经营企业书面申请终止出口监管仓库仓储业务的。

（5）丧失设立出口监管仓库条件的。

仓库主管海关核实出口监管仓库无库存货物及其他遗留问题后，应填制《海关保税仓库/出口监管仓库审批表》，并随附相关材料报直属海关审批。直属海关审核同意后，注销《出口监管仓库注册登记证书》。仓库主管海关应收回《出口监管仓库注册登记证书》，并于注销之日起10日内上交直属海关。

三、出口监管仓库货物报关程序

出口监管仓库货物报关，大体可以分为进仓报关、出仓报关、结转报关和更换报关。

1. 进仓报关

出口货物存入出口监管仓库时，发货人或其代理人应当向主管海关办理出口报关手续，填制出口货物报关单。按照国家规定应当提交出口许可证件和缴纳出口关税的，发货人或其代理人必须提交许可证件和缴纳出口关税。

发货人或其代理人按照海关规定提交报关必需单证和仓库经营企业填制的“出口监管仓库货物入仓清单”。

对经批准享受入仓即退税政策的出口监管仓库，海关在货物入仓办结出口报关手续后予以签发出口货物报关单退税证明联；对不享受入仓即退税政策的出口监管仓库，海关在货物实际离境后签发出口货物报关单退税证明联。

经主管海关批准，对批量少、批次频繁的入仓货物，可以办理集中报关手续。

2. 出仓报关

出口监管仓库货物出仓可能出现出口报关和进口报关两种情况。

1）出口报关

出口监管仓库货物出仓出境时，仓库经营企业或其代理人应当向主管海关申报。仓库经营企业或其代理人按照海关规定提交报关必需的单证，并提交仓库经营企业填制的“出口监管仓库货物出仓清单”。

出仓货物出境口岸不在仓库主管海关的，经海关批准，可以在口岸所在地海关办理相关手续，也可以在主管海关办理相关手续。

入仓没有签发出口货物报关单退税证明联的，出仓离境后海关按规定签发出口货物报关单退税证明联。

2）进口报关

出口监管仓库货物转进口的，应当经海关批准，按照进口货物的有关规定办理相关手续。

（1）用于加工贸易的，由加工贸易企业或其代理人按保税加工货物的报关程序办理进口报关手续。

（2）用于可以享受特定减免税的特定地区、特定企业和特定用途的，由享受特定减免税的企业或其代理人按特定减免税货物的报关程序办理进口报关手续。

（3）进入国内市场或用于境内其他方面，由收货人或其代理人按进口货物的报关程序办理进口报关手续。

3. 结转报关

经转入、转出方所在地主管海关批准，并按照转关运输的规定办理相关手续后，出口监管仓库之间，出口监管仓库与保税区、出口加工区、珠海园区、保税物流园区、保税港区、保税物流中心、保税仓库等特殊监管区域和保税监管场所之间可以进行货物流转。

4. 更换报关

对已存入出口监管仓库因质量等原因要求更换的货物，经仓库所在地主管海关批准，可以进行更换。被更换货物出仓前，更换货物应当先行入仓，并应当与原货物的商品编码、品名、规格型号、数量和价值相同。

第三节 保税物流中心（B型）

一、保税物流中心（B型）概况

（一）保税物流中心设立的背景和目的

随着我国加快融入经济全球化、区域经济一体化的步伐，我国正成为承接国际产业转移的重要基地，成为世界的“制造基地”。跨国公司在全球化运作中普遍采用网络订单、库存、到线结算、门到门销售等现代生产经营方式、运输方式以及第三方物流、第四方物流服务，这对我国构建多元化的保税物流监管体系提出了新的要求。传统的出口监管仓库功能单一、相对隔离，无法适应进出口货物整合配送的需要。在这一背景下，海关总署展开广泛深入的调研，于2004年初在《加工贸易及保税监管改革指导方案》中首次正式提出“海关保税物流中心”的概念，并率先在苏州工业园区付诸实践。

保税物流中心有A型和B型之分，截至2010年，全国保税物流中心（A型）仅有1家，即上海闵行区试点，而保税物流中心（B型）有26家，功能较为完善、运作情况良好，被广大进出口企业和物流企业所熟知。因此，本节所述的保税物流中心如无特别说明均指海关保税物流中心（B型）。

（二）保税物流中心（B型）的定义

保税物流中心（B型）是指经海关批准，由中国境内一家企业法人经营，多家企业进入并从事保税仓库物流业务的海关集中监管场所。

首先，保税物流中心（B型）是一个海关集中监管场所，不是像保税区、出口加工区、保税物流园区、保税港区、综合保税区、跨境工业区一样的海关特殊监管区域；其次，保税物流中心（B型）有一个经营主体，多家物流企业进驻，而A型只有一家物流企业经营并从事物流业务。

（三）保税物流中心（B型）的功能定位

1. 保税仓储功能

可保税存放各种贸易方式的进口商品和已申报出口的商品（国家禁止的商品除外），企业可利用货物保税的政策，成为国际、国内商品的汇集地和分拨配送中心。

2. 国际物流配送功能

在保税仓储的基础上发展现代物流配送具有明显的区位优势，可以面向国内外两个市场进行采购、分拨、配送，货物在中心内可自由转移，可与境外流转，可转为境内加工贸易或实施其他保税监管，也可转入国内市场内销。

3. 流通性简单加工和增值服务功能

物流企业可以在不改变货物化学性质或不超过海关规定的增值率前提下进行简单加工和

增值服务，包括拆分、分类、分拣、分装、组合包装、挑选、刷贴标签、加刷唛头、改换包装、拼装等。

4. 进出口贸易和转口贸易功能

贸易功能是拉动国际物流的重要因素，中心内企业可以自营和代理进出口业务，以实现发展国际采购和国际配送的目标，也可以开展转口贸易。

5. 商品展示功能

保税物流中心（B 型）以国际贸易为依托，旨在建设成为功能齐全、设施先进、洽谈便利的商品展示中心，拓展国际市场、打开国内市场，以交易量促进国际物流量的扩大。

6. 物流信息处理功能

中心内物流企业将各个物流环节产生的物流信息进行实时采集、分析、传递，并向货主提供包括进出口报关、货物存库和在途状况、电子商务、市场需求预测与评估、物流配送方案策划、综合实时查询在内的功能齐全的现代物流信息平台。同时，向海关提供监管需要的监控数据与操作功能，供海关等监管部门实时查控。

（四）保税物流中心（B 型）各项管制规定

1. 贸易管制

保税物流中心（B 型）与境外之间的进出货物，除国家禁止进出口的和实施出口被动配额管理外，不实行配额、许可证管理；中心与境内中心外之间的进出货物，视同进出口，涉及配额、许可证件管理的，需提交相应的许可证件。

2. 经营保税物流中心（B 型）的注意事项

（1）中心不得转租、转借他人经营，不得下设分中心。

（2）中心内只能设立仓库、堆场和海关监管工作区，不得建立商业性消费设施或生活设施工程。

（3）中心的经营企业不得在本中心内直接从事保税仓储物流的经营活动。

（4）中心需变更名称、地址、面积及所有权等事项的，由直属海关受理报海关总署审批。其他变更事项由主管海关受理报直属海关审批。

（5）中心经营企业无正当理由连续 1 年未开展业务的，视同撤回物流中心设立申请，由直属海关报海关总署办理注销手续并收回标牌和“保税物流中心（B 型）验收合格证书”。

（6）中心经营企业因故终止业务的，中心经营企业向直属海关提出书面申请，经海关总署审批后，办理注销手续并交回标牌和“保税物流中心（B 型）验收合格证书”。

3. 税收征管

1）保税规定

国内出口货物、转口货物和国际中转货物、外商暂存货物、加工贸易进出口货物、供应国际航行船舶和航空器的物料、维修用零部件、供维修外国产品所进口寄售的零配件、未办结关手续的一般贸易进口货物进入中心予以保税。

2）征免税规定

（1）中心内企业之间，以及与其他海关特殊监管区域、场所之间的货物交易、流转，免征流通环节增值税、消费税；对在中心内进行简单加工的产品，免征增值税。

（2）中心内保税货物内销，以货物的销售价格为基础，按货物出中心时的状态征收关税和进口环节税。

（3）境内中心外货物进入中心内供物流企业使用的国产机器、装卸设备、管理设备、检验检设备、包装物料等，可以享受出口退税政策，在进入中心环节给予退税。

（4）境内中心外货物进入物流中心视同出口，享受出口退税政策，并在进入中心环节退税。需缴纳出口关税的，应当按照规定纳税。

3）外汇管制规定

中心内企业应当按规定办理外汇登记。境内中心外企业购买中心内货物，可以向中心内企业支付，可以直接向境外支付，也可以向其他境内中心外货权企业支付。中心内企业报关进出口货物，出口收汇和购汇对外支付，应当按规定办理核销。其中，出口收汇应当先进入外汇账户，不得直接结汇；直接从外汇账户中支付进口款项的，无须办理进口付汇核销。

二、保税物流中心（B 型）的设立

（一）设立保税物流中心（B 型）应当具备的条件

（1）物流中心仓储面积，东部地区不低于 10 万平方米，中西部地区不低于 5 万平方米。

（2）符合海关对物流中心的监管规划建设要求。

（3）选址在靠近海港、空港、陆路交通枢纽及内陆国际物流需求量较大，交通便利，设有海关机构且便于海关集中监管的地方。

（4）经省级人民政府确认，符合地方经济发展总体布局，满足加工贸易发展对保税物流的需求。

（5）建立符合海关监管要求的计算机管理系统，提供供海关查阅数据的终端设备，并按照海关规定的认证方式和数据标准，通过“电子口岸”平台与海关联网，以便海关在统一平台上与国税、外汇管理等部门实现数据交换及信息共享。

（6）设置符合海关监管要求的安全隔离设施、视频监控系统等监管、办公设施。

（二）保税物流中心（B 型）经营企业应当具备的资格条件

（1）经工商行政管理部门注册登记，具有独立企业法人资格。

（2）具备对中心内企业进行日常管理的能力。

（3）具备协助海关对进出物流中心的货物和中心内企业的经营行为实施监管的能力。

（三）申请设立保税物流中心（B 型）的企业应当提交的材料

（1）申请书。

（2）省级人民政府意见书（附可行性研究报告）。

（3）企业章程复印件。

（4）企业法人营业执照复印件。

（5）法定代表人的身份证明复印件。

（6）税务登记证复印件。

（7）物流中心所用土地使用权的合法证明及地理位置图、平面规划图。

保税物流中心的申请由直属海关受理，报海关总署审批，并由海关总署出具批准申请企业筹建保税物流中心的文件。

保税物流中心验收合格后，由海关总署向物流中心经营企业核发《保税物流中心（B型）验收合格证书》和《保税物流中心（B型）注册登记证书》，颁发标牌。

保税物流中心在验收合格后方可开展有关业务。

（四）中心内企业应当具备的条件

（1）具有独立的法人资格或者特殊情况下的中心外企业的分支机构。

（2）具备向海关缴纳税款和履行其他法律义务的能力。

（3）建立符合海关监管要求的计算机管理系统并与海关联网。

（4）在物流中心内有专门存储海关监管货物的场所。

（五）企业申请进入物流中心应提交的材料

（1）申请书。

（2）企业内部管理制度。

（3）企业法人营业执照复印件。

（4）法定代表人的身份证明复印件。

（5）税务登记证复印件。

（6）股权结构证明书（合资、合作企业）和投资主体各方的注册登记文件的复印件。

（7）开户银行证明复印件。

（8）物流中心内所承租仓库位置图、仓库布局图及承租协议。

（9）报关单位报关注册登记证书。

企业申请进入保税物流中心应当向所在地主管海关提交书面申请，提供能够证明上述条件已经具备的有关文件。

主管海关受理后报直属海关审批，直属海关对经批准的企业核发《中华人民共和国海关保税物流中心（B型）企业注册登记证书》。

中心内企业需变更有关事项的，由主管海关受理后报直属海关审批。

三、保税物流中心进出货物报关程序

（一）保税物流中心（B型）与境外之间的进出货物报关

（1）保税物流中心与境外之间进出的货物，应当在保税物流中心主管海关办理相关手续。保税物流中心与口岸不在同一主管海关的，经主管海关批准，可以在口岸海关办理相关手续。

（2）保税物流中心与境外之间进出的货物，除实行出口被动配额管理和中华人民共和国参加或者缔结的国际条约及国家另有明确规定的以外，不实行进出口配额、许可证件管理。

（3）从境外进入保税物流中心内的货物，凡属于规定存放范围内的货物予以保税；属于保税物流中心企业进口自用的办公用品、交通运输工具、生活消费品等，以及保税物流中心开展综合物流服务所需进口的机器、装卸设备、管理设备等，按照进口货物的有关规定和税收政策办理相关手续。

（二）保税物流中心与境内之间的进出货物报关

保税物流中心内货物运往所在关区外，或者跨越关区提取保税物流中心内货物，可以在保税物流中心主管海关办理进出中心的报关手续，也可以按照海关其他规定办理相关手续。

保税物流中心与境内之间的进出货物报关按下列规定办理。

1. 出中心

1）出中心进入境内的其他地区

保税物流中心货物出中心进入境内的其他地区视同进口，按照货物进入境内的实际流向和实际状态填制进口货物报关单，办理进口报关手续；属于许可证件管理的商品，企业还应当向海关出具有效的许可证件。

进口申报流程同保税仓库出库进入境内货物的报关流程相似，具体参照保税仓库有关内容。

从保税物流中心进入境内用于在保修期限内免费维修有关外国产品并符合无代价抵偿货物有关规定的零部件或者用于国际航行船舶和航空器的物料或者属于国家规定可以免税的货物，免征进口关税和进口环节海关代征税。

2）出中心运往境外

保税物流中心货物出中心运往境外填制出口货物报关单，办理出口报关手续，具体流程同保税仓库和出口监管仓库出库运往境外货物的报关流程相似。

2. 进中心

货物从境内进入保税物流中心视同出口，办理出口报关手续。如需缴纳出口关税的，应当按照规定纳税；属于许可证件管理的商品，还应当向海关出具有效的出口许可证件。

从境内运入保税物流中心的原进口货物，境内发货人应当向海关办理出口报关手续，经主管海关验放；已经缴纳的关税和进口环节海关代征税，不予退还。

从境内运入保税物流中心已办结报关手续的货物或者从境内运入中心供中心企业自用的国产机器设备、装卸设备、管理设备、检测检验设备等及转关出口货物（起运地海关在已收到保税物流中心主管海关确认转关货物进入物流中心的转关回执后），海关签发出口货物报关单退税证明联。

从境内运入保税物流中心的下列货物，海关不签发出口货物报关单退税证明联。

（1）供中心企业自用的生活消费品、交通运输工具。

（2）供中心企业自用的进口的机器设备、装卸设备、管理设备、检测检验设备等。

（3）保税物流中心之间，保税物流中心与出口加工区、保税物流园区和已实行国内货物入仓环节出口退税政策的出口监管仓库等海关特殊监管区域或者海关保税监管场所往来的货物。

课后练习

1. 简述保税仓库进仓报关程序。
2. 简述保税仓库出仓报关程序。

3. 简述出口监管仓库进仓报关程序。
4. 简述出口监管仓库出仓报关程序。
5. 简述境外货物进入保税物流中心（B型）的报关程序。
6. 简述保税物流中心（B型）货物进入境外市场的报关程序。
7. 简述境内货物进入保税物流中心（B型）的报关程序。
8. 简述保税物流中心（B型）货物进入境内的报关程序。

第四章

海关特殊监管区域

学习目标

了解保税区、出口加工区、保税物流园区、保税港区、综合保税区各自的区域功能以及所享受的海关特殊监管政策及进出货物的报关程序。

技能目标

境内区外与特殊监管区域之间进出货物的报关程序，特殊监管区域之间进出货物的报关程序。

学习内容

本章主要介绍保税区、出口加工区、保税物流园区、保税港区、综合保税区的区域功能、享受的管理政策以及货物进出境及货物进出区的报关程序。

我国设立的海关特殊监管区域主要有以下几种：保税区、出口加工区、保税物流园区、保税港区、综合保税区、珠澳跨境工业园区、中哈霍尔果斯国际边境合作中心（配套区）等。其中20世纪90年代初期便开始设立的保税区是最早设立的海关特殊监管区域，出口加工区、保税港区、综合保税区、珠澳跨境工业园区等则是2000年才开始陆续设立的。后设立的区域一般都借鉴了先设立区域的经验教训，其区域功能一般也多于先设立区域。由于综合保税区参照了保税港区的相关政策，珠澳跨境工业园区参照了保税区和出口加工区的相关政策，中哈霍尔果斯国际边境合作中心（配套区）则参照了珠澳跨境工业园区的相关政策，因此，本章内容海关特殊监管区域对综合保税区、珠澳跨境工业园区和中哈霍尔果斯国际边境合作中心（配套区）不做介绍。

第一节　海关特殊监管区域概述

一、海关特殊监管区域的设立理念

我国海关特殊监管区域的设立理念源于国际通行的狭义自由贸易区，并参照和借鉴了这一区域的规则。自由贸易区有广义自由贸易区（free trade area，FTA）和狭义自由贸易区（free trade zone，FTZ）之分。其中，狭义自由贸易区是指在一个国家或单独关税区内设立的实行优惠税收和特殊监管区域政策的小块特定区域，类似于《京都公约》中对“自由区”的定义：“自由区指缔约方境内的一部分，进入这一部分的任何货物，就进口税费而言，通常视为在关境之外，并免于实施通常的海关监管措施，有的国家还使用其他一些称谓，例如，自由港、自由仓等。”我国海关特殊监管区域借鉴了狭义自由贸易区的经验和管理理念，既有类似于狭义自由贸易区的某些特征，也有我国独特的海关特殊监管区域管理模式和特点，两者的监管模式对照如表 4–1 所示。

表 4–1 狭义自由贸易区与海关特殊监管区域比较分析

狭义自由贸易区	海关特殊监管区域
海关管辖之外，实行“境内进出区”管理	海关全面监管，实行“境内外进出区”管理
取消对进口货物的配额管制	有条件取消对进口货物的配额管制
外国货物免税进口	外国货物有条件免税进口
实行卡口管理，区内货物流转不管制	卡口、区内联网、货物流转办理相关手续
不进行经营范围管制	进行经营范围管制
不限制区域功能	限制区域功能
区内不设立管理部门	区内有个别管理部门

二、海关特殊监管区域的政策特点

（一）海关特殊监管区域的政策优势

我国海关特殊监管区域的政策优势主要体现在以下五个方面。

（1）管理政策。封闭，进出区货物按进出口管理，实行快速通关作业。

（2）税收政策。设备、原材料、办公用品免税，不设保证金台账，区内结转不征税。

（3）出口退税政策。区外入区的国产设备、原材料、基建物资等退税，区内加工产品不征增值税。

（4）进出口政策。有条件限制加工贸易禁止类商品在区内生产，不限制加工贸易限制类商品在区内生产，实行被动配额管理。

（5）物流政策。各海关特殊监管区域之间及海关特殊监管区域与保税监管场所之间物流相通。

（二）海关特殊监管区域的法规特点

我国海关特殊监管区域均有配套法规或参照法规来进行管理，其共同点如下。

（1）总则，对海关特殊监管区域的一些具体内容进行定义，并规定了区域功能、可开展业务等。

（2）对海关特殊监管区域与境外之间进出货物的监管，入区货物不征税，除另有规定外都实行贸易管制，从区内运往境外，实行被动配额管理。

（3）对海关特殊监管区域与区外之间进出货物的监管，进入特殊监管区域的货物按照进出口货物进行管理。

（4）对海关特殊监管区域内货物的监管，包括手册、账册、登记、货物流转管理，以及对货物存储时间及灭失等的管理。

(5)对直接进出口货物及进出海关特殊监管区域的运输工具和个人携带货物物品的监管。

(6)附则，对一些未尽事项进行说明。

（三）海关监管特点

我国海关特殊监管区域主要实施“物理围网+信息化”管理，具体措施如下。

(1)物理围网+卡口监管。

(2)电子监控+车辆识别+电子地磅。

(3)区内企业实行电子账册系统管理。

三、海关特殊监管区域的区域整合

(1)保税区、出口加工区、保税物流园区、保税港区、综合保税区由于设立时间和背景不同，其功能和政策也有所不同，随着进出口贸易和国内经济发展对海关特殊监管区域功能“融合”需求的增加，不同类型的海关特殊监管区域功能“受限”和政策“不平衡”的矛盾日益突出，限制了一些区域功能与国际接轨和我国优化土地资源配置的基本国策的落实。因此，海关联合国家相关部门对特殊监管区域展开了整合行动。具体做法：一是进行区域整合，通过成立综合保税区将一些毗邻的特殊监管区域和保税场所进行优化合并，实现“强强联合”，形成集约效应，整合为一个功能互补的区域；二是进行功能整合，为出口加工区拓展了保税物流、检测和维修功能，使之与保税港区、综合保税区功能一致，充分发挥海关特殊监管区域在保税贸易中的作用；三是进行管理整合，对出口加工区、保税港区、综合保税区实行统一的监管方式代码、减免税管理模式及信息化管理系统等。目前，出口加工区、保税港区、综合保税区等三类主要特殊监管区域，除土地面积的控制尚不一致外（出口加工区须设在国家级或省级开发区内且面积不得超过 3 平方千米），其他的政策、功能及管理模式已趋同。

(2)出口加工区、保税港区、综合保税区形成主体格局。国家从 20 世纪 90 年代中期就停止了对设立保税区的审批，同时保税物流园区是“依附”于保税区的区域。目前，出口加工区、保税港区、综合保税区等三类区域是国务院审批的主要海关特殊监管区域，三者共计 77 个，占特殊监管区域总数的 80%，是特殊监管区域的主体。从功能上看，保税港区分布在沿海、沿长江内河的港口，主要发挥港口集疏、物流增长、辐射腹地的作用，是我国国际航运中心的主要载体；综合保税区多设在加工贸易的集聚地，主要发挥为加工制造及配套产业链提供服务的作用，是推动加工贸易转型升级的主要载体；出口加工区分布在加工制造的聚集地，主要作用是对加工贸易企业实行规范化管理，提升国家级或者省级开发区、高新区整体功能和外向型经济等，是中西部地区承接跨国公司产业转移的主要载体。

第二节 保 税 区

一、保税区概况

（一）保税区设立的背景和目的

保税区是我国改革开放中出现的新事物，是借鉴国际上自由贸易区的通行做法，结合我国实际情况设立的新型综合性对外开放区域。我国设立保税区的目的是为了进一步扩大对外开放，增强国际经济合作，在国际贸易、物流分拨、加工业务等领域有较快的发展，形成了我国开放型经济的新的增长点，促进了区域经济的快速发展。经过十多年的发展，我国 15 个保税区的经济实力不断增强，作为连接国内和国外两个市场的桥梁，在促进国际贸易、引进国外资金和技术、促进我国经济适应全球化等方面发挥了积极的作用。

（二）保税区的定义

保税区是指经国务院批准设立的，具备保税加工、保税仓储、进出口贸易和进出口商品展示等功能的海关特殊监管区域。保税区是我国最早出现的海关特殊监管区域类型。

（三）保税区的功能定位

在功能上，国家赋予了保税区以下三项基本功能。

（1）保税仓储和展示的功能。利用保税区内的仓库进行货物存储和展示或者拆装、分装等商业性简单加工。

（2）国际贸易的功能。利用保税区的区域优惠政策和毗邻港口、陆路口岸的交通枢纽优势开展国际贸易。

（3）出口保税加工的功能。利用外资发展外向型经济，充分利用区域特殊的管理政策开展加工贸易从而实现扩大出口，同时通过保税区的加工贸易带动相关的国内产品出口，培育和发展了整个产业链。

（四）保税区税收管理政策

1. 免税政策

除法律、行政法规另有规定外，从境外进入保税区的下列货物，免征进口关税和进口环节税收。

（1）区内生产性的基础设施建设项目所需的机器、设备和其他基建物资。

（2）区内企业自用的生产、管理设备和自用合理数量的办公用品及其所需的维修零部件配件，生产用燃料，建设生产厂房、仓储设施所需的物资、设备。

（3）保税区行政管理机构自用合理数量的管理设备和办公用品及其所需的维修零配件。

2. 保税政策

根据相关的法律法规，以下从境外进入保税区的进口货物，准予保税。

（1）保税区仓储、转口货物（包括不予免税的 20 种商品），予以保税。不予免税的 20 种商品包括电视机、摄像机、录像机、放像机、音响设备、空调器、电冰箱（电冰柜）、洗衣机、照相机、复印机、程控电话交换机、微型计算机及外设、电话机、无线寻呼系统、传真机、电子计数器、打字机及文字处理机、家具、灯具和餐料。

（2）区内企业为加工产品所需的原材料、零部件、元器件、包装物件，予以保税。

3. 出口关税

除法律、法规另有规定外，区内企业加工的制成品及其在加工生产过程中产生的边角料、余料、残次品、废品等销往境外时，免征出口关税。

4. 出口退税政策

从非保税区出口到保税区的货物，按照出口货物办理手续，出口退税按照国家有关规定办理。即在出口报关时，海关不予签发出口货物退税证明联，只有货物实际离境后，海关方予签发出口货物报关单退税证明联。

从非保税区运入保税区供区内使用的机器、设备、基建物资和物品，已经缴纳进口关税和进口环节税的，已缴纳税款不予退还。

二、保税区货物报关程序

保税区与境内其他地区之间，设置符合海关监管要求的隔离设施。区内企业必须与海关实行电子计算机联网，进行电子数据交换。保税区内企业开展加工贸易，不实行银行保证金台账制度。

保税区货物按照申报货物的流向，分为进出境报关和进出区报关。

（一）进出境报关

进出境报关根据货物的用途可分为区内企业自用和非自用。

进出境报关采用报关制和备案制相结合的运行机制。

1. 企业自用

采取报关制，填写进出口货物报关单。

对保税区内企业进口自用合理数量的机器设备、管理设备、办公用品及工作人员所需自用合理数量的应税物品及货样，由收货人或其代理人填写进口货物报关单向海关报关。

2. 企业非自用

包括加工出口、转口、仓储和展示，采取备案制，填写进出境货物备案清单，即保税区内企业的加工贸易料件、转口贸易货物、仓储货物进出境，由收货人或其代理人填写进出境货物备案清单向海关报关。

保税区与境外之间进出的货物，除易制毒化学品、监控化学品、消耗臭氧层物质等国家规定的特殊货物外，不实行进出口许可证件管理，免予交验许可证件。为保税加工、保税仓储、转口贸易、展示而从境外进入保税区的货物可以保税。

从境外进入保税区的以下货物可以免税。

（1）区内生产性的基础设施建设项目所需的机器、设备和其他基建物资。

（2）区内企业自用的生产、管理设备和自用合理数量的办公用品及其所需的维修零配件，生产用燃料，建设生产厂房、仓储设施所需的物资、设备，但是交通车辆和生活用品除外。

（3）保税区行政管理机构自用合理数量的管理设备和办公用品及其所需的维修零配件。

免税进入保税区的进口货物，海关按照特定减免税货物进行监管。

（二）进出区报关

进出区报关要根据不同的情况按不同的报关程序报关。

1. 保税加工货物进出区

1）进区，报出口

进区，报出口，要有加工贸易电子化手册或者电子账册编号，填写出口货物报关单，提供有关的许可证件。出口应当征收出口关税商品的，须缴纳出口关税；海关不签发出口货物报关单退税证明联。

2）出区，报进口

按不同的流向填写不同的进口货物报关单。

（1）出区进入国内市场的，按一般进口货物报关，填写进口货物报关单，提供有关的许可证件。

（2）出区用于加工贸易的，按加工贸易货物报关，填制进口货物报关单，提供加工贸易、电子化手册或者电子账册编号。

（3）出区用于可以享受特定减免税企业的，按特定减免税货物报关，提供进出口货物征免税证明和应当提供的许可证件，免缴进口税。

2. 进出区外发加工

保税区企业货物外发到区外加工，或区外企业货物外发到保税区加工，需经主管海关核准。

进区提交外发加工合同向保税区海关备案，加工出区后核销，不填写进出口货物报关单，不缴纳税费。

出区外发加工的，须由区外加工贸易经营企业在加工企业所在地海关办理加工贸易备案手续，建立电子化手册或者电子账册，需要设立银行保证金台账的应当设立台账。加工期限最长 6 个月，情况特殊，经海关批准可以延长，延长的最长期限是 6 个月。备案后按保税加工货物出区进行报关。

3. 设备进出区

不管是施工还是投资设备，进出区均需向保税区海关备案，设备进区不填写报关单，不缴纳出口税，海关不签发出口货物报关单退税证明联，设备系从国外进口已征进口税的，不退进口税；设备退出区外，也不必填写报关单进行申报，但要报保税区海关销案。

第三节 出口加工区

一、出口加工区概况

（一）出口加工区设立的背景和目的

改革开放以来，为了发挥沿海地区对外开放的现行作用，我国于 1984 年在沿海 14 个城市设立首批国家级经济技术出口加工区。此后，随着改革开放的进一步深化，出口加工区从沿海地区的大城市启动，然后向沿海地区和中小城市及中西部地区延伸，形成由经济技术出口加工区、高新技术产业出口加工区、出口加工区、边境经济合作区等组成的，遍布全国各地的发展格局。

建立出口加工区是世界各国发展高科技产业行之有效的重要措施之一，也是我国推动改革开放、加快经济发展的重要战略。自 2000 年 4 月至 2009 年 3 月，国务院相继批准设立了 60 个出口加工区。十几年来，出口加工区作为我国改革开放的重大举措和重要成果，不仅在自身建设方面取得了较快发展，而且在引进外资、扩大对外贸易、促进地方经济发展等方面也发挥了重要作用。回顾这段历程，出口加工区这种模式为我国的改革开放与经济发展作出了不可替代的、具有重要战略意义的积极贡献。经过15年的发展，出口加工区已经具有相当规模和影响。

（二）出口加工区的定义

出口加工区是经国务院批准设立，由海关监管的特殊封闭区域。海关在加工区设立机构，对从区外进入加工区的货物及区内相关场所实行24小时监管。

（三）出口加工区的功能定位

出口加工区从原来较为单一的功能定位逐渐向“功能整合，政策叠加”的方向发展，实现了与其他海关特殊监管区域的“政策同一”，其功能定位主要有以下几点。

（1）设立出口加工企业，开展出口加工业务。

（2）设立仓储企业，专为出口加工企业的生产提供仓储服务。

（3）设立运输企业，从事加工区内货物的运输业务。

（4）逐步拓展保税物流功能，开展研发、检测、维修等业务。

出口加工区的功能定位也有以下禁止性规定：

一是除安全保卫人员和企业值班人员外，其他人员不得在加工区内居住。不得建立营业性的生活消费设施。

二是出口加工区内不得经营商业零售、一般贸易、转口贸易及其他与加工无关的业务。

（四）出口加工区税收管理政策

1. 国内税收

对区内企业在区内加工、生产的货物，凡属于货物直接出口和销售给区内企业的，免征增值税、消费税。区内企业应税劳务享受同等优惠政策。

2. 进口关税和进口环节税

以下四类进境货物可以享受免税或保税优惠政策。

（1）区内生产性的基础设备建设项目所需的机器、设备和建设生产厂房、仓储设施所需的基建物资。

（2）区内企业生产所需的机器、设备、模具及其维修用零配件。

（3）区内企业为加工出口产品所需的原材料、零部件、元器件、包装物料及消耗性材料。

（4）区内企业和行政管理机构自用的合理数量的办公用品。

值得注意的是：区内企业和行政管理机构自用的交通运输工具和生活消费用品和20种区内企业和行政管理机构办公用品是按照一般进出口货物照章纳税的。

3. 出口关税

除法律、法规另有规定外，区内企业加工的制成品及其在加工生产过程中产生的边角料、余料、残次品、废品等销往境外的，免征出口关税。

4. 出口退税

除法律、法规另有规定外，从区外进入加工区的货物视同出口，可以享受出口退税。以下三类货物可以享受此项优惠政策：① 建造基础设施及加工企业和行政管理部门生产、办公用房所需合理数量的基建物资；② 供区内企业使用的国产机器、设备、原材料、零部件、元器件、包装物料等；③ 区内企业耗用的水、电、气。

以上货物可以凭报关单出口退税联（第三类货物凭“出口加工区内企业耗用水、电、气退税申报表”）向税务部门申请办理出口退（免）税手续。

但是以下三类进区货物则不享受出口退税优惠政策，其中第一类货物缴纳的进口环节税亦不予退还：① 进口机器、设备、原材料、零部件、元器件、包装物料、基建物资等；② 区内企业和行政管理机构使用的生活消费用品、交通运输工具等；③ 因国内技术无法达到产品要求，经商务部批准，按照出料加工办理手续运至加工区内进行某项工序加工的国家禁止出口或统一经营的商品。

5. 贸易管制

区内企业的加工产品和在加工生产过程中产生的边角料、残次品、废品等应复运出境。因特殊情况需要运往区外时，由企业申请，经主管海关核准后，按内销时的状态确定归类并征税。如属进口许可证件管理商品，免领进口许可证件；如属《限制进口类可用作原料的废物目录》所列商品，应按现行规定向环保部门申领进口许可证件。对无商业价值的边角料和废品，需运往区外销毁的，应凭加工区管理委员会和环保部门的批文，向主管海关办理出区手续，海关予以免进口许可证件、免税。

6. 海关监管

（1）区内企业开展加工贸易业务不实行加工贸易银行保证金台账制度，海关不实行“加工贸易登记手册”管理。

（2）区内企业不适用单耗标准管理。

（3）区内企业实行“一次申报、一次审单、一次查验”的 24 小时海关通关模式。

（4）海关对加工企业保税进口料件暂不征收海关监管手续费。

二、出口加工区与境内区外、保税区的政策对比（见表 4–2）

表 4–2　出口加工区与保税区、境内区外的政策对比

	出口加工区	保税区	境内区外
功　能	加工、检测、维修、研发以及专门服务区内加工企业的仓储和运输服务	加工、贸易、仓储和展示	功能全面
国内税收	区内加工出口的产品和劳务免征增值税和消费税	区内应税劳务没有免税优惠	无优惠
进口税收	区内企业进口的用于基建或生产的机器、设备、模具以及自用合理数量的办公用品予以免税；为加工出口产品所需的原材料、零部件、元器件、包装物料及消耗性材料，予以保税	与出口加工区大致相同	必须符合区外减免税和保税政策
出口退税	从区外进入加工区供区内企业使用的国产机器、设备、原材料、零部件、元器件、包装物料以及建造基础设施、加工企业和行政管理部门生产、办公用房所需合理数量的基建物资等（包括水、电、气）可以享受退税优惠	进入保税区的国内货物，必须待货物实际离境后才能办理出口退税手续	加工贸易企业使用国内原材料、物料加工产品，其产品必须实际离境后，才能办理出口退税手续

续表

	出口加工区	保税区	境内区外
外汇管理	货物由区内运往或销往境外，区内机构不需办理出口收汇核销手续；区内机构向境外支付进口货款，不需办理进口付汇核销手续	与出口加工区大致相同	需办理正常收付汇核销手续
贸易管制	除特殊规定外，不实行许可证件管理	与出口加工区大致相同	正常的许可证件管理
监管模式	电子账册系统管理	与区外大致相同	大都采取无纸化手册系统管理
审批手续	不实行银行保证金台账管理，合同备案、变更只需管委会审批	与出口加工区大致相同	实行银行保证金台账管理，合同备案、变更审批手续较烦琐
通关模式	实行“一次申报、一次审单、一次查验”的24 小时海关通关模式	与区外大致相同	货物进出采取异地报关或转关运输方式，手续较烦琐
核销管理	计算机滚动核销。每半年核销一次。按企业生产的实际单耗予以核定和核销，不适用单耗标准	与区外大致相同	大都采取逐个合同核销方式，适用国家或关区单耗标准

三、出口加工区货物报关程序

区内企业建立符合海关监管要求的电子计算机管理数据库，与海关实行电子计算机联网。

出口加工区内企业在进出口货物前，应向出口加工区主管海关申请建立电子账册。出口加工区企业电子账册包括“加工贸易电子账册”（H 账册）和“企业设备电子账册”。出口加工区进出境货物和进出区货物通过电子账册办理报关手续。

出口加工区货物按照货物流向可以分为以下类别。

（1）境外货物进入出口加工区。

（2）区内货物运往境外。

（3）境内货物进入出口加工区。

（4）区内货物运往境内。

（一）境外货物进入出口加工区

1. 普通货物

出口加工区企业从境外运进货物，由收货人或其代理人填写“进境货物备案清单”（见图 4–1）向出口加工区海关备案。

货物到港后，收货人或其代理人向口岸海关录入转关申报数据，并持“进口转关货物申报单”“汽车载货登记簿”向口岸海关物流监控部门办理转关手续；口岸海关审核同意企业转关申请后，向出口加工区海关发送转关申报电子数据，并对运输车辆进行加封。

货物运抵出口加工区后，收货人或其代理人向出口加工区海关办理转关核销手续，出口加工区海关物流监控部门核销“汽车载货登记簿”，并向口岸海关发送转关核销电子回执；同时收货人或其代理人录入“出口加工区进境货物备案清单”，向出口加工区海关提交运单、发票、装箱单、电子账册编号、相应的许可证件等单证办理进境报关手续；出口加工区海关审核有关报关单证，确定是否查验，对不需查验的货物予以放行，对需要查验的货物，由海关实施查验后，再办理放行手续，签发有关备案清单证明联。

加工区 **中华人民共和国海关出口加工区进境货物备案清单**

预录入编号： 海关编号：

进口口岸	备案号	进口日期	申报日期
经营单位	运输方式	运输工具名称	提运单号
收货单位	贸易方式	征免性质	征税比例
许可证号	起运国(地区)	装货港	境内目的地
批准文号	成交方式	运费	保费	杂费
合同协议号	件数	包装种类	毛重(公斤)	净重(公斤)
集装箱号	随附单据		用途
标记唛码及备注			
项号 商品编号 商品名称、规格型号 数量及单位 原产国(地区) 单价 总价 币制 征免			
税费征收情况			
录入员 录入单位	兹声明以上申报无讹并承担法律责任	海关审单批注及放行日期(签章)	
报关员		审单 审价	
单位地址	申报单位(签章)	征税 统计	
邮编 电话	填制日期	查验 放行	

第二联：主管海关存查

图 4–1 中华人民共和国出口加工区进境货物备案清单

2. 特定减免税设备

从境外进入出口加工区按规定予以免税的机器设备，海关在规定的监管年限内实施监管。监管年限自货物进境放行之日起计算，期限 5 年。使用完毕，原则上应退运出境。

需在监管年限内出区内销的，海关按照特定减免税货物的管理规定征收税款。监管年限届满的，出区时不再征收税款。从境外进入出口加工区时免予提交机电产品进口许可证件的，在其出区时，海关凭与其入境状态一致的机电产品进口许可证件验放。

在监管年限内转让给区外进口同一货物享受减免税优惠待遇的企业，由区外企业按照特定减免税货物的管理规定办理进口手续，监管年限连续计算；如出区转为加工贸易不作价设备的，由区外企业按照加工贸易不作价设备的管理规定办理进口手续，监管年限连续计算。

（二）区内货物运往境外

区内货物运往境外，由发货人或其代理人填写“出境货物备案清单”（见图 4–2），向出口加工区海关报关。

加工区 **中华人民共和国海关出口加工区出境货物备案清单**

预录入编号： 海关编号：

出口口岸	备案号	出口日期	申报日期
经营单位	运输方式	运输工具名称	提运单号
发货单位	贸易方式	征免性质	结汇方式
许可证号	运抵国(地区)	指运港	境内货源地
批准文号	成交方式 / 运费	保费	杂费
合同协议号	件数 / 包装种类	毛重(公斤)	净重(公斤)
集装箱号	随附单据		生产厂家
标记唛码及备注			
项号 商品编号 商品名称 规格型号	数量及单位	最终目的国(地区) 单价	总价 币制 征免
税费征收情况			
录入员 录入单位	兹声明以上申报无讹并承担法律责任	海关审单批注及放行日期(签章)	
报关员		审单	审价
单位地址	申报单位(签章)	征税	统计
邮编 电话	填制日期	查验	放行

第三联：报关单位存查

图 4–2 中华人民共和国出口加工区出境货物备案清单

发货人或其代理人录入“出境货物备案清单”向出口加工区海关提交运单、发票、装箱单、电子账册编号等单证，办理出口报关手续，同时向出口加工区海关录入转关申报数据，并持出口加工区出境货物备案清单、“汽车载货登记簿”向出口加工区海关物流监控部门办理出口转关手续；出口加工区海关审核同意企业转关申请后，向口岸海关发送转关申报电子数据，并对运输车辆进行加封。

货物运抵出境地海关后，发货人或其代理人向出境地海关办理转关核销手续，出境地海关核销“汽车载货登记簿”，并向出口加工区海关发送转关核销电子回执；货物实际离境后，出境地海关核销清洁载货清单并反馈出口加工区海关，出口加工区海关凭以签发有关备案清单证明联。

（三）境内货物进入出口加工区

境内货物进入出口加工区，由境内发货人或其代理人填写出口货物报关单，向出口加工区海关报关。

1. 普通货物

区外企业录入出口货物报关单，凭购销合同（协议）、发票、装箱单等单证向出口加工区海关办理出口报关手续。出口报关结束后，区内企业填制出口加工区进境货物备案清单，凭购销发票、装箱单、电子账册编号等单证向出口加工区海关办理进区报关手续。

出口加工区海关查验、放行货物后，向区外企业签发出口货物报关单收汇证明联和出口退税证明联，向区内企业签发出口加工区进境货物备案清单付汇证明联。

2. 区内企业自用货品

从境内区外运进出口加工区供区内企业使用的国产机器、设备、原材料、零部件、元器件、包装物料、基础设施，加工企业和行政管理部门生产、办公用房合理数量的国产基建物资等，按照对出口货物的管理规定办理出口报关手续，海关签发出口货物报关单退税证明联（除不予退税的基建物资外）。境内区外企业依据出口货物报关单退税证明联向税务部门申请办理出口退（免）税手续。

3. 深加工结转货物

1）转入至其他特殊监管区域

出口加工区企业开展深加工结转时，转出企业凭出口加工区管委会批复，向所在地的出口加工区海关办理海关备案手续后方可开展货物的实际结转；对转入其他出口加工区、保税区等海关特殊监管区域的，转入企业凭其所在区域管委会的批复办理结转手续，对转入出口加工区、保税区等海关特殊监管区域外加工贸易企业的，转入企业凭商务主管部门的批复办理结转手续。

对转入特殊监管区域的，转出、转入企业分别在自己的主管海关办理结转手续。

2）转入至特殊监管区域外

对结转至海关特殊监管区域外的加工贸易企业的货物，海关按照对保税加工进口货物的有关规定办理手续，结转产品如果属于加工贸易项下进口许可证件管理商品的，企业应当向海关提供相应的有效进口许可证件。

对转入特殊监管区域外加工贸易企业的，转出、转入企业在转出地主管海关办理结转手续。

对转入特殊监管区域的深加工结转，除特殊情况外，比照转关运输方式办理结转手续；不能比照转关运输方式办理结转手续的，在向主管海关提供相应的担保后，由企业自行运输。

对转入特殊监管区域外加工贸易企业的深加工结转报关程序如下。

（1）转入企业在“中华人民共和国海关出口加工区出区深加工结转申请表”（一式四联）中填写本企业的转入计划，凭申请表向转入地海关备案。

（2）转入地海关备案后，留存申请表第一联，其余三联退还转入企业，由转入企业送交出口加工区转出企业。

（3）转出企业自转入地海关备案之日起 30 天内，持申请表其余三联，填写本企业的相关内容后，向主管海关办理备案手续。

（4）转出地海关审核后，留存申请表第二联，将第三、第四联分别交给转出企业、转入企业。

（5）转出、转入企业办理结转备案手续后，凭双方海关核准的申请表进行实际收发货。转出企业的每批次发货记录应当在一式三联的“出口加工区货物实际结转情况登记表”上如实登记，转出地海关在卡口签注登记表后，货物出区。

（6）转出、转入企业每批实际发货、收货后，可以凭申请表和转出地卡口海关签注的登记表分批或者集中办理报关手续。转出、转入企业每批实际发货、收货后，应当在实际发货、收货之日起30天内办结该批货物的报关手续。转入企业填报结转进口货物报关单，转出企业填报结转出口备案清单。一份结转进口货物报关单对应一份结转出口备案清单。

区内转出的货物因质量不符等原因发生退运、退换的，转入企业为特殊监管区以外的加工贸易企业的，按退运货物或退换货物办理相关手续。

4. 特定减免税设备/加工贸易不作价设备

从境内区外采购入区的海关监管年限内的特定减免税进口的机器设备和加工贸易不作价设备，监管年限连续计算，监管年限届满的，出区时不再征收税款；在海关监管年限内的，出区时海关按照特定减免税货物的管理规定征收税款。

（四）区内货物运往境内

区内货物运往境内，由境内收货人或其代理人填写进口货物报关单，向出口加工区海关报关。

1. 普通货物

出口加工区运往境内区外的货物，按照对进口货物的有关规定办理报关手续。由区外企业录入进口货物报关单，凭发票、装箱单、相应的许可证件等单证向出口加工区海关办理进口报关手续。进口报关结束后，区内企业填制出口加工区出境货物备案清单，凭发票、装箱单、电子账册编号等向出口加工区海关办理出区报关手续。

出口加工区海关放行货物后，向区外企业签发进口货物报关单付汇证明联，向区内企业签发出口加工区出境货物备案清单收汇证明联。

2. 区内企业货物内销

出口加工区内企业内销加工贸易制成品，以接受内销申报的同时或者大约同时进口的相同货物或者类似货物的进口成交价格为基础确定完税价格。内销加工过程中产生的副产品，以内销价格作为完税价格。由区外企业缴纳进口关税和进口环节海关代征税，免予交付缓税利息。属于许可证件管理的商品，应向海关出具有效的进口许可证件。

出口加工区内企业产生边角料、废品、残次品等原则上应复运出境。如出区内销应按照对区外其他加工贸易货物内销的相关规定办理。

（1）边角料、废品内销，海关按照报验状态归类后适用的税率和审定的价格计征税款，免予提交许可证件。

（2）边角料、废品以处置方式销毁的，或者属于禁止进口的固体废物需出区进行利用或者处置的，区内企业持处置单位的“危险废物经营许可证”复印件以及出口加工区管委会和所在地地（市）级环保部门的批准文件向海关办理有关手续。

（3）对无商业价值且不属于禁止进口的固体废物的边角料和废品，需运往区外以处置之外的其他方式销毁的，应凭出口加工区管委会的批件，向主管海关办理出区手续，海关予以免税，并免予验核进口许可证件。

（4）残次品出区内销，按成品征收进口关税和进口环节海关代征税，属于进口许可证件管理的，企业应当向海关提交相应许可证件；对属于《法检目录》内的出区内销残次品，须经出入境检验检疫机构按照国家技术规范的强制性要求检验合格后，方可内销。

3. 区内企业外发加工

出口加工区内企业需要将有关模具、半成品运往区外用于加工生产自己的产品，应当报经加工区主管海关关长批准，由接受委托的区外企业，向出口加工区主管海关缴纳货物应征关税和进口环节增值税等值的保证金或银行保函后，办理出区手续。加工完毕后，加工产品应按期（一般为 6 个月）运回出口加工区，区内企业向出口加工区主管海关提交运出出口加工区时填写的“委托区外加工申请书”及有关单证，办理验放核销手续。加工区主管海关办理验放核销手续后，退还保证金或撤销保函。

4. 测试、检验和展示产品

出口加工区区内企业经主管海关批准，可在境内区外进行产品的测试、检验和展示活动。测试、检验和展示的产品，应比照海关对暂时进境货物的管理规定办理出区手续。

出口加工区区内使用的机器、设备、模具和办公用品等，须运往境内区外进行维修、测试或检验时，区内企业或管理机构应向主管海关提出申请，并经主管海关核准、登记、查验后，方可将机器、设备、模具和办公用品等运往境内区外维修、测试或检验。区内企业将模具运往境内区外维修、测试或检验时，应留存模具所生产产品的样品，以备海关对运回出口加工区的模具进行核查。

5. 维修机器、设备

运往境内区外维修、测试或检验的机器、设备、模具和办公用品等，按照“修理物品”监管，不得用于境内区外加工生产和使用。

运往境内区外维修、测试或检验的机器、设备、模具和办公用品等，应自运出之日起 2 个月内运回加工区。因特殊情况不能如期运回的，区内企业应于期限届满前 7 天内，向主管海关说明情况，并申请延期。申请延期以 1 次为限，延长期限不得超过 1 个月。

运往境内区外维修的机器、设备、模具和办公用品等，运回出口加工区时，要以海关能辨认其为原物或同一规格的新零件、配件或附件为限，但更换新零件、配件或附件的，原零件、配件或附件应一并运回出口加工区。

第四节 保税物流园区

一、保税物流园区概况

（一）保税物流园区设立的背景和目的

保税物流园区是我国加入 WTO 后，在谋求保税区进一步发展的基础上设立的。从国务院批准设立上海外高桥保税区起，保税区经历的十余年发展历程是我国对外开放和对外贸易从点及面，由浅入深，不断成长壮大的时期。“入世”后我国外贸形势呈现出了新的变化，全球制造业进一步向我国转移，制造业的发展带动了产业链的集聚和供应链的迅速成长。

保税区功能之一的保税仓储在物流发展上存在诸多局限性，尤其是区港分离的弊端逐渐暴露。为解决此问题，国务院于 2003 年在上海外高桥保税区设立了我国第一家保税物流园区。保税区由此迈出了与国际惯例接轨、向自由贸易区转型的第一步。保税物流园区内享受保税区、出口加工区的叠加政策，同时整合了保税区的政策优势和港区的区位优势，国际中转、国际配送、国际采购、国际转口贸易等业务稳步发展。

（二）保税物流园区的定义

保税物流园区是指经国务院批准，在保税区规划面积或者毗邻保税区的特定港区内设立的、专门发展现代国际物流业的海关特殊监管区域。

（三）保税物流园区的功能

保税物流园区具备的基本功能有：保税仓储和展示、国际贸易（包括转口贸易）、国际采购、分销和配送、国际中转、检测和维修等功能。与保税区相比，园区除了不允许开展加工贸易外，可以开展其他业务，包括新增的检测和维修业务，并且在国内货物入区政策上叠加了出口加工区的入区退税政策。

（四）保税物流园区的税收管理政策

1. 国内税收

园区与其他海关特殊监管区域、保税监管场所之间的货物交易、流转，不征收进出口环节和国内流通环节的有关税收。

2. 免税政策

下列货物、物品从境外进入园区的，予以免税。

（1）园区的基础设施建设项目所需的设备、物资等。

（2）区内企业为开展业务所需的机器、装卸设备、仓储设施、管理设备及其维修用消耗品、零配件及工具。

（3）园区行政管理机构及其经营主体和区内企业自用的合理数量的办公用品。

3. 保税政策

下列货物从境外进入园区的，予以保税。

（1）园区企业为开展业务所需的货物及其包装物料。

（2）加工贸易进口货物。

（3）转口贸易货物。

（4）外商暂存货物。

（5）供应国际航行船舶和航空器的物料和维修用零部件。

（6）进口寄售货物。

（7）进境检测、维修货物及其零配件。

（8）供看样订货的展览品、样品。

（9）未办结海关手续的一般贸易货物。

（10）经海关批准的其他未办结海关手续的进境货物。

4. 出口关税

从园区运往境外的货物，除了法律、法规另有规定外，免征出口关税。

5. 出口退税政策

与保税区有所不同，从区外运入园区的货物视同出口，在出口报关后，海关即可根据实际情况签发出口货物报关单退税证明联。

海关签发出口货物报关单证明联的具体规定如下。

（1）从区外运入园区，供区内企业开展业务的国产货物及其包装材料，签发出口货物报关单退税证明联；货物经园区转关出口的，起运地海关在收到园区主管海关确认转关货物已进入园区的电子回执后，签发出口货物报关单退税证明联。

（2）从区外运入园区，供区内行政管理机构及其经营主体和区内企业使用的国产基建物资、机器、装卸设备、管理设备等，货物报关后，海关签发出口货物报关单退税证明联。

（3）从区外运入园区，供区内行政管理机构及其经营主体和区内企业使用的生活消费品、办公用品、交通运输工具等，海关不予签发出口货物报关单退税证明联。

（4）从区外进入园区的原进口货物、包装物料、设备、基建物资等，海关不予签发出口货物报关单退税证明联，原已缴纳的关税、进口环节增值税和消费税不予退还。

（5）园区与海关特殊监管区域、保税监管场所之间往来的货物，继续实行保税监管，海关不予签发出口货物报关单退税证明联。但货物从未实行国内货物入区（仓）环节出口退税制度的海关特殊监管区域或者保税监管场所转入园区的，按照货物实际离境的有关规定办理申报手续，由转出地海关签发出口货物报关单退税证明联。

（6）园区货物运往区外维修，在区外更换国产零配件或者附件，如需退税，由园区企业或者区外企业提出申请，园区主管海关按照出口货物的有关规定办理，并签发出口货物报关单退税证明联。

二、保税物流园区与保税区的业务比较（见表 4–3）

表 4–3 保税物流园区与保税区的业务比较

	保税物流园区	保 税 区
功 能	保税仓储和展示、国际贸易（包括转口贸易）、国际采购、分销和配送、国际中转、检测和维修	保税仓储和展示、国际贸易（包括转口贸易）、出口保税加工
进口税收	园区的基础设施建设项目所需的设备、物资；区内企业为开展业务所需的机器、装卸设备、仓储设施、管理设备及其维修用消耗品、零配件及工具；园区行政管理机构及其经营主体和区内企业自用的合理数量的办公用品，予以免税。园区企业为开展业务所需的货物及其包装物料；加工贸易进口货物；转口贸易货物；外商暂存货物；供应国际航行船舶和航空器的物料和维修用零部件；进口寄售货物；进境检测、维修货物及其零配件；供看样订货的展览品、样品；未办结海关手续的一般贸易货物；经海关批准的其他未办结海关手续的进境货物，予以保税	区内生产性的基础设施建设项目所需的机器、设备和其他基建物资；区内企业自用的生产、管理设备和自用合理数量的办公用品及其所需的维修零部件配件，生产用燃料，建设生产厂房、仓储设施所需的物资、设备；区内行政管理机构自用合理数量的管理设备和办公用品及其所需的维修零配件，予以免税。保税区仓储、转口货物（包括不予免税的 20 种商品），区内企业为加工产品所需的原材料、零部件、元器件、包装物件，予以保税
出口退税	国内入区货物入区报关后，海关即予签发出口货物报关单退税证明联	国内入区货物，要待实际离境后，海关才予签发出口货物报关单退税证明联

续表

	保税物流园区	保　税　区
外汇管理	与保税区大致相同	货物由区内运往境外，区内机构不需办理出口收汇核销手续；区内机构向境外支付进口货款，不需办理进口付汇核销手续
贸易管制	与保税区大致相同	除我国参加或缔结的国际条约及国家法律、行政法规以及相关规章另有明确规定的外，不实行进出口许可证件管理
集中申报	可以	不可以
加工制造	禁止开展	可以
国际中转	可以拆、拼箱	集装箱整箱进出

三、保税物流园区货物报关程序

海关园区企业实行电子账册监管制度和计算机联网管理制度。

保税物流园区的报关程序按照货物的流向可以分为以下三种情况。

（1）保税物流园区与境外之间进、出货物报关。

（2）保税物流园区与境内区外之间进、出货物报关。

（3）保税物流园区与其他海关特殊监管区域或者保税监管场之间往来货物报关。

（一）保税物流园区与境外之间进、出货物

海关对园区与境外之间进出的货物，除园区自用的免税进口货物、国际中转货物外，实行备案制管理，适用进出境备案清单。

园区与境外之间进出的货物应当向园区主管海关申报。园区货物的进出境口岸不在园区主管海关管辖区域的，经主管海关批准，可以在口岸海关办理申报手续。

园区内开展整箱进出、二次拼箱等国际中转业务的，由开展此项业务的企业向海关发送电子舱单数据，园区企业向园区主管海关申请提箱、集运等，凭舱单等单证办理进出境申报手续。

1. 境外运入园区

境外货物到港后，园区企业及其代理人可以先凭舱单将货物直接运到园区，再凭进境货物备案清单向园区主管海关办理申报手续。除法律、行政法规另有规定的外，境外运入园区的货物不实行许可证件管理。

（1）参照上述免税政策，3 种情况的货物予以免税。

（2）参照上述保税政策，10 种情况的货物予以保税。

（3）境外运入园区的园区行政机构及其经营主体、园区企业自用交通运输工具、生活消费品，按一般进口货物的有关规定和程序办理申报手续。

2. 园区运往境外

从园区运往境外的货物，除法律、行政法规另有规定外，免征出口关税，不实行许可证件管理。

进境货物未经流通性简单加工，需原状退运出境的，园区企业可以向园区主管海关申请

办理退运手续。

（二）保税物流园区与境内区外之间进、出货物

园区与区外之间进出的货物，由区内企业或者区外的收发货人或其代理人在园区主管海关办理申报手续。

园区企业在区外从事进出口贸易且货物不实际进出园区的，可以在收发货人所在地的主管海关或者货物实际进出境口岸的海关办理申报手续。

除法律、行政法规规定不得集中申报的货物外，园区企业少批量、多批次进出货物的，经主管海关批准可以办理集中申报手续，并适用每次货物进出口时海关接受该货物申报之日实施的税率、汇率。集中申报的期限不得超过 1 个月，且不得跨年度办理。

保税物流园区与区外之间进出货物的报关程序如下。

1. 园区货物运往区外

园区货物运往区外，视同进口。园区企业或者区外收货人或其代理人按照进口货物的有关规定向园区主管海关申报，海关按照货物出园区时的实际监管方式办理相关手续。

（1）进入国内市场的，按一般进口货物报关，提供相关的许可证件，照章缴纳进口关税，以及进口环节的增值税、消费税。

（2）用于加工贸易的，按保税加工货物报关，提供电子化手册或电子账册编号，继续保税。

（3）用于可以享受特定减免税的特定企业、特定地区或有特定用途的，按特定减免税货物报关，提供“进出口货物征免税证明”和相应的许可证件，免缴进口关税、进口环节的增值税。

园区企业跨关区配送货物或者异地企业跨关区到园区提取货物的，可以在园区主管海关办理申报手续，也可以按照海关规定办理进口转关手续。

供区内行政管理机构及其经营主体和区内企业使用的机器、设备和办公用品等需要运往区外进行检测、维修的，应当向园区主管海关提出申请，经主管海关核准、登记后方可运往区外。

运往区外检测、维修的机器、设备和办公用品等不得留在区外使用，并自运出之日起 60 天内运回区内。因特殊情况不能如期运回的，园区行政管理机构及其经营主体和园区内企业应当于期满前 10 天内，以书面形式向园区主管海关申请延期，延长期限不得超过 30 天。

检测、维修完毕运进园区的机器、设备等应当为原物。有更换新零配件或者附件的，原零配件或者附件应当一并运回园区。

对在区外更换的国产零配件或者附件，如需退税，由区内企业或者区外企业提出申请，园区主管海关按照出口货物的有关规定办理，并签发出口货物报关单退税证明联。

园区企业在区外其他地方举办商品展示活动的，应当比照海关对暂准进境货物的管理规定办理有关手续。

2. 区外货物运入园区

区外货物运入园区，视同出口，由区内企业或者区外的发货人或其代理人向园区主管海

关办理出口申报手续。属于应当缴纳出口关税的商品，应当照章纳税；属于许可证件管理的商品，应当同时向海关出具有效的许可证件。

海关签发出口货物报关单退税证明联情况，参照上述出口退税政策。

（三）保税物流园区与其他海关特殊监管区域或者保税监管场之间往来货物

海关对于园区与海关其他特殊监管区域或者保税监管场所之间往来的货物，继续实行保税监管，不予签发出口货物报关单退税证明联。但货物从未实行国内货物入区、入仓环节出口退税制度的海关特殊监管区域或者保税监管场所转入园区的，按照货物实际离境的有关规定办理申报手续，由转出地海关签发出口货物报关单退税证明联。

园区与其他特殊监管区域、保税监管场所之间的货物交易、流转，不征收进出口环节和国内流通环节的有关税收。

第五节　保税港区（综合保税区）

一、保税港区（综合保税区）概况

（一）保税港区设立的背景和目的

进入 21 世纪，全球经济一体化的趋势日益明显，表现为制造业向亚洲转移，货物贸易、服务贸易以及与之相关的航运、金融等业务持续繁荣。中国进出口贸易总量连年保持较高的增长势头。中国的上海、大连、天津等沿海各港口吞吐量大幅上升，跻身国际前列。与此同时，中国与周边国家和地区在港口综合配套服务上的竞争也越来越激烈，这种竞争不仅仅是港口自身条件的竞争，更多的是一种包含政策、功能在内的综合竞争。是否具备保税条件下的物流处理能力、国际中转功能甚至加工生产配套政策，成为影响竞争的关键条件。一些国家和地区纷纷设立“自由港”吸引货源，以提高港口的竞争能力。

经国务院批准，上海市人民政府正式组织开工建设洋山深水港。海关对洋山深水港实施保税区的政策和出口加工区入区退税政策，按照功能划分为港口作业、仓储物流和出口加工三大功能区域，拓展国际中转、配送、采购、国际转口贸易和出口加工等功能，做到境外货物入港保税。保税港区也成为我国发展保税物流政策最优惠、功能最齐全的监管形态。

（二）综合保税区设立的背景和目的

为落实海关特殊监管区域“功能整合、政策叠加”的要求，国务院根据苏州工业园区快速发展的实际情况，2006 年 12 月 17 日，同意批准创新设立了苏州工业园综合保税区。在政策上，苏州工业园综合保税区的税收、外汇政策按照保税港区的规定执行，海关比照保税港区实施监管；在形态上，综合保税区整合了原有苏州工业园区出口加工区、保税物流中心 B 型；在功能上，综合保税区具有与保税港区相同的保税加工、保税物流以及口岸功能。

苏州工业园综合保税区既是“区域整合”的产物，也是建立区域性物流中心和大型物流枢纽的一次积极尝试，对在制造业发达和对保税物流需求旺盛的内陆地区发展保税业务具有非常积极的示范和实践意义。

因为海关对综合保税比照保税港区实施监管，所以本节的内容以保税港区的内容为主，涉及综合保税区与保税港区在监管不一致的地方，再具体罗列即可。

（三）保税港区的定义

保税物流园区是指经国务院批准，在保税区规划面积或者毗邻保税区的特定港区内设立的、专门发展现代国际物流业的海关特殊监管区域。

（四）综合保税区的定义

综合保税区是指经国务院批准，设立在内陆地区的具有保税港区功能的海关特殊监管区域。综合保税区的政策、功能、管理模式等均与保税港区相同。

（五）保税港区（综合保税区）的功能

保税港区（综合保税区）内可以开展以下业务。

（1）存储进出口货物和其他未办结海关手续的货物。

（2）转口贸易。

（3）国际采购、分销和配送。

（4）国际中转。

（5）商品展示。

（6）研发、加工、制造。

（7）港口作业。

（8）经海关批准的其他业务。

（六）保税港区（综合保税区）的税收管理政策

保税港区（综合保税区）享受保税区、出口加工区相关的税收和外汇管理政策。主要税收政策为：国外货物入港区（综合保税区）保税；货物出港区（综合保税区）进入国内销售按货物进口的有关规定办理报关，并按货物实际状态征税；国内货物入港区（综合保税区）视同出口，实行出口退税；港区（综合保税区）内企业之间的货物交易不征增值税和消费税。

区外货物进入保税港区（综合保税区）的，按照货物出口的有关规定办理缴税手续，并按照下列规定签发用于出口退税的出口货物报关单证明联。

（1）从区外进入保税港区（综合保税区）供区内企业开展业务的国产货物及其包装物料，海关按照对出口货物的有关规定办理，签发出口货物报关单证明联。货物转关出口的，启运地海关在收到保税港区（综合保税区）主管海关确认转关货物已进入保税港区（综合保税区的电子回执后，签发出口货物报关单证明联。

（2）从区外进入保税港区（综合保税区）供保税港区（综合保税区）行政管理机构和区内企业使用国产基建物资、机器、装卸设备、管理设备、办公用品等，海关按照对出口货物的有关规定办理，签发出口货物报关单证明联。

（3）从区外进入保税港区（综合保税区）供保税港区（综合保税区）行政管理机构和区内企业使用的生活消费用品和交通运输工具，海关不予签发出口货物报关单证明联。

（4）从区外进入保税港区（综合保税区）的原进口货物、包装物料、设备、基建物资等，区外企业应当向海关提供上述货物或者物品的清单，按照出口货物的有关规定办理申报手续，海关不予签发出口货物报关单证明联，原已缴纳的关税、进口环节海关代征税不予退还。

经海关核准，区内企业可以办理集中申报手续。实行集中申报的区内企业应当对 1 个自然月内的申报清单数据进行归并，填制进出口货物报关单，在次月底前向海关办理集中申报手续。申报适用报关单集中申报之日实施的税率、汇率，集中申报不得跨年度办理。

二、保税港区（综合保税区）货物报关程序

保税港区（综合保税区）实行封闭式管理。保税港区（综合保税区）与中华人民共和国关境内其他地区之间设置符合海关监管要求的卡口、围网、视频监控系统及海关监管所需的其他设施。

保税港区（综合保税区）企业实行电子账册监管制度和计算机联网管理制度。

保税港区（综合保税区）的报关程序按照货物的流向可以分为以下三种情况。

（1）保税港区（综合保税区）与境外之间进、出货物报关。

（2）保税港区（综合保税区）与境内区外之间进、出货物报关。

（3）保税港区（综合保税区）与其他海关特殊监管区域或者保税监管场所之间往来货物报关。

保税港区（综合保税区）企业向海关申报货物进出境、进出区，以及在同一区域内或者不同特殊区域之间流转货物的双方企业，应填制海关进（出）境货物备案清单。保税港区（综合保税区）与境内（区外）之间进出的货物，区外企业应同时填制进（出）口货物报关单，向保税港区主管海关办理进出口报关手续。

货物在同一保税港区（综合保税区）企业之间、不同特殊区域企业之间或保税港区（综合保税区）与区外之间流转的，应先办理进口报关手续，后办理出口报关手续。

综合保税区及被整合到国务院新批准设立的综合保税区或保税港区内的出口加工区、保税物流园区、保税区或保税物流中心，按照保税港区模式运作。

（一）保税港区（综合保税区）与境外之间进、出货物

保税港区（综合保税区）与境外之间进出的货物应当在保税港区（综合保税区）主管海关办理海关手续；进出境口岸不在保税港区（综合保税区）主管海关辖区内的，经保税港区（综合保税区）主管海关批准，可以在口岸海关办理海关手续。

海关对保税港区（综合保税区）与境外之间进出的货物实行备案制管理，对从境外进入保税港区（综合保税区）的货物予以保税。货物的收发货人或者代理人应当如实填写进出境货物备案清单，向海关备案。

下列货物从境外进入保税港区（综合保税区），海关免征进口关税和进口环节海关代征税。

（1）区内生产性的基础设施建设项目所需的机器、设备和建设生产厂房、仓储设施所需的基建物资。

（2）区内企业生产所需的机器、设备、模具及其维修用零配件。

（3）区内企业和行政管理机构自用合理数量的办公用品。

从境外进入保税港区（综合保税区），供区内企业和行政管理机构自用的交通运输工具、

生活消费用品，按进口货物的有关规定办理报关手续，海关按照有关规定征收进口关税和进口环节海关代征税。

从保税港区（综合保税区）运往境外的货物免征出口关税。

保税港区（综合保税区）与境外之间进出的货物，除法律、行政法规和规章另有规定的外，不实行进出口配额、许可证件管理。

对于同一配额、许可证件项下的货物，海关在进区环节已经验核配额、许可证件的，在出境环节不再要求企业出具配额、许可证件原件。

（二）保税港区（综合保税区）与境内区外之间进出货物

保税港区（综合保税区）与区外之间进出的货物，区内企业或者区外收发货人按照进出口货物的有关规定向保税港区（综合保税区）主管海关办理申报手续。需要征税的，区内企业或者区外收发货人按照货物进出区时的实际状态缴纳税款；属于配额、许可证件管理商品的，区内企业或者区外收货人还应当向海关出具配额、许可证件。对于同一配额、许可证件项下的货物，海关在进境环节已经验核配额、许可证件的，在出区环节不再要求企业出具配额、许可证件原件。

1. 出区

1）一般贸易货物出区

一般贸易货物出区直接进入生产或消费领域流通的，按一般进口货物的报关程序办理海关手续，属于优惠贸易协定项下货物，符合海关总署相关原产地管理规定的，按协定税率或者特惠税率办理海关征税手续。

一般贸易货物出区符合保税或者特定减免税条件的，可以按保税货物或者特定减免税货物的报关程序办理海关手续。

2）加工贸易货物出区

区内企业生产的加工贸易成品及在加工生产过程中产生的残次品、副产品出区内销的，按进口货物办理进口手续，海关按内销时的实际状态征税。属于进口配额、许可证件管理的，企业应当向海关出具进口配额、许可证件。

区内企业在加工生产过程中产生的边角料、废品，以及加工生产、储存、运输等进程中产生的包装物料，区内企业提出书面申请并且经海关批准的，可以运往区外，海关按出区时的实际状态征税。属于进口配额、许可证件管理的，免领进口配额、许可证件；列入《禁止进口废物目录》的废物及其他危险废物需出区进行处置的，有关企业凭保税港区行政管理机构及所在地的市级环保部门批件等材料，向海关办理出区手续。

区内企业生产的加工贸易成品出区深加工结转按出口加工区深加工结转程序办理海关手续。

3）出区展示

区内企业在区外其他地方举办商品展示活动的，比照海关对暂准进境货物的管理规定办理有关手续。

4）出区检测、维修

保税港区（综合保税区）内使用的机器、设备、模具和办公用品等海关监管货物，可以比照进境修理货物的有关规定，运往区外进行检测、维修。区内企业将模具运往区外进行检测、维修的，应当留存模具所生产产品的样品或者图片资料。

运往区外进行检测、维修的机器、设备、模具和办公用品等，不得在区外用于加工生产和使用，并且应当自运出之日起 60 日内运回保税港区（综合保税区）。因特殊情况不能如期运回的，区内企业或者保税港区（综合保税区）行政管理机构应当在期限届满前 7 日内，以书面形式向海关申请延期，延长期限不得超过 30 日。检测、维修完毕运回保税港区的机器、设备、模具和办公用品等应当为原物。有更换新零件、配件或者附件的，原零件、配件或者尉件应当一并运回保税港区（综合保税区）。对在区外更换的国产零件、配件或者附件，需要退税的，由区内企业或者区外企业提出申请，保税港区（综合保税区）主管海关按照出口货物的有关、规定办理手续，签发出口货物报关单证明联。

5）出区外发加工

区内企业需要将模具、原材料、半成品等运往区外进行加工的，应当在开展外发加工前，凭承揽加工合同或者协议、承揽企业营业执照复印件和区内企业签章确认的承揽企业生产能力状况等材料，向保税港区（综合保税区）主管海关办理外发加工手续。

委托区外企业加工的期限不得超过 6 个月，加工完毕后的货物应当按期运回保税港区（综合保税区）。在区外开展外发加工产生的边角料、废品、残次品、副产品不运回保税港区的，海关应当按照实际状态征税。区内企业凭出区时委托区外加工申请书及有关单证，向海关办理验放核销手续。

2. 进区

区外货物进入保税港区（综合保税区）的，按照货物出口的有关规定办理缴税手续，并按照下列规定签发用于出口退税的出口货物报关单证明联。

（1）从区外进入保税港区（综合保税区）供区内企业开展业务的国产货物及其包装物料，海关按照对出口货物的有关规定办理，签发出口货物报关单证明联。货物转关出口的，起运地海关在收到保税港区主管海关确认转关货物已进入保税港区的电子回执后，签发出口货物报关单证明联。

（2）从区外进入保税港区（综合保税区）供保税港区（综合保税区）行政管理机构和区内企业使用的国产基建物资、机器、装卸设备、管理设备、办公用品等，海关按照对出口货物的有关规定办理，除属于取消出口退税的基建物资外，签发出口货物报关单证明联；从区外进入保税港区（综合保税区）的原进口货物、包装物料、设备、基建物资等，区外企业应当向海关提供上述货物或者物品的清单，按照出口货物的有关规定办理申报手续，海关不予签发出口货物报关单退税证明联，原已缴纳的关税、进口环节海关代征税不予退还。

（三）保税港区（综合保税区）与其他海关特殊监管区域或者保税监管场所之间往来的货物

海关对于保税港区（综合保税区）与其他海关特殊监管区域或者保税监管场所之间往来的货物，实行保税监管，不予签发用于办理出口退税的出口货物报关单证明联。但货物从未实行国内货物入区（仓）环节出口退税制度的海关特殊监管区域或者保税监管场所转入保税港区的，视同货物实际离境，由转出地海关签发出口货物报关单退税证明联。

保税港区（综合保税区）与其他海关特殊监管区域或者保税监管场所之间的流转货物，不征收进出口环节的有关税收。

承运保税港区（综合保税区）与其他海关特殊监管区域或者保税监管场所之间往来货物的运输工具，应当符合海关监管要求。

课后练习

1. 简述保税区的功能。
2. 简述保税区的税收管理政策。
3. 简述保税区货物进出境的报关程序。
4. 简述保税区货物进出区的报关程序。
5. 简述出口加工区的功能。
6. 简述出口加工区的税收管理政策。
7. 简述境外货物进入出口加工区的报关程序。
8. 简述出口加工区区内货物运往境外的报关程序。
9. 简述区外境内货物进入出口加工区的报关程序。
10. 简述出口加工区区内货物运往境内区外的报关程序。
11. 简述保税物流园区的功能。
12. 简述保税物流的税收管理政策。
13. 简述境外货物进入保税物流园区的报关程序。
14. 简述保税物流园区货物出口境外的报关程序。
15. 简述境内区外货物进入保税物流园区的报关程序。
16. 简述保税物流园区货物进入境内区外的报关程序。
17. 简述保税物流园区与其他海关特殊监管区域或者保税监管场所之间往来货物的报关程序。
18. 简述保税港区（综合保税区）的功能。
19. 简述保税港区（综合保税区）的税收管理政策。
20. 简述境外货物进入保税港区（综合保税区）的报关程序。
21. 简述离开保税港区（综合保税区）货物进入境外的报关程序。
22. 简述境内区外货物进入保税港区（综合保税区）的报关程序。
23. 简述保税港区（综合保税区）货物进入境内区外的报关程序。
24. 简述保税港区（综合保税区）与其他海关特殊监管区域或者保税监管场所之间往来货物报关程序。

第五章

加工贸易电子口岸实务

学习目标

了解无纸化手册系统总体操作流程、电子账册系统总体操作流程；熟悉无纸化手册备案资料库备案与变更、通关手册备案与变更、数据报核操作；熟悉电子账册经营范围备案与变更、归并关系备案与变更、电子账册备案与变更、报关申报的操作、数据报核及中期核查数据备案操作。

技能目标

能够根据填制规范进行无纸化手册操作系统的界面内容与电子账册操作系统的界面内容录入。

学习内容

本章主要介绍无纸化手册操作系统和电子账册操作系统各表格信息的录入指南。

中国电子口岸是由海关总署、商务部、国家税务总局、中国人民银行、国家外汇管理局、国家出入境检验检疫局、国家工商行政管理局、公安部、交通部、铁道部、民航总局、信息产业部等 12 个部委，利用现代信息技术，借助国家电信公网，在互联网上建立的公共数据中心。该中心向企业提供全天候、全方位和方便快捷的网上“大通关”服务，从而提高贸易效率，降低贸易成本，方便合法企业进出，并有效防范和打击走私违法活动。

第一节　无纸化手册系统

无纸化手册业务操作流程如图 5–1 所示。

加工贸易无纸化手册操作共涉及两个子系统：无纸化手册系统和报关申报系统。报关单位凭操作员 IC 卡或 IKEY 通过无纸化手册系统向海关进行加工贸易各项业务的备案与变更，凭具有中国电子口岸系统操作权的报关员 IC 卡通过报关申报系统向海关办理报关申报业务，同时还可利用“查询”功能，进行数据及回执查询，以了解所办理业务的进展情况。

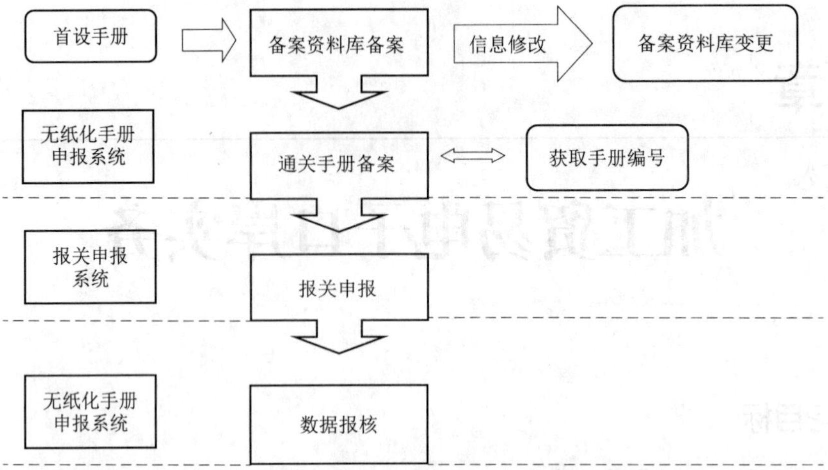

图 5–1　无纸化手册业务操作流程

加工贸易无纸化手册系统的主体操作流程如下。

1. 备案资料库备案

加工贸易企业的所有料件、成品的预归类信息，包含货号、商品编码、商品名称、计量单位、是否主料等数据。海关审批通过后，返回备案资料库编号。若企业需要修改海关审批通过的备案资料库数据，则必须进行备案资料库的变更申请。

2. 通关手册备案

进行通关备案表头、表体的录入及申报（表体的录入需要调用备案资料库数据）。海关审批通过后，返回通关手册编号，即加工贸易手册编号，企业即可进行通关业务操作。

3. 通关处理

企业在报关申报系统中录入报关单，向海关申报。同现有“报关单”通关流程。

4. 数据报核

企业的加工贸易合同完成后，通过无纸化手册子系统的数据报核界面，向海关进行手册的报核。数据报核、海关核算结案后，该手册结束。

一、备案资料库的设立

在电子化手册备案过程中建立备案资料库的目的是为了避免同一家企业、同一种商品在不同的手册备案中出现不同的商品编码、计量单位等情况。备案资料库“一次备案、长期有效”，一家企业建立一本备案资料库后可长期使用，一份备案资料库可对应多份电子化手册。

企业需首先在此模块中进行加工贸易企业的所有料件、成品的预归类信息，包含货号、商品编码、商品名称、计量单位，是否主料等数据的备案。海关审核通过建立底账后，企业才可继续进行通关手册备案。

备案资料库备案相当于对料件及成品进行预归类，企业在没有与外商签订加工合同以前可以将本企业以前曾开展加工的料件及成品，或者以后将可能开展加工的料件及成品，向海关进行预归类。

（一）备案资料库信息申报

在 QP（快速通关）系统界面上方的功能菜单栏上，单击备案资料库菜单，选择备案资料库项进入该界面（见图 5–2）。企业物料备案界面分为基本信息、料件表和成品表三部分。操作员需依次录入企业的基本信息、企业备案的料件信息及成品信息（见表 5–1）。

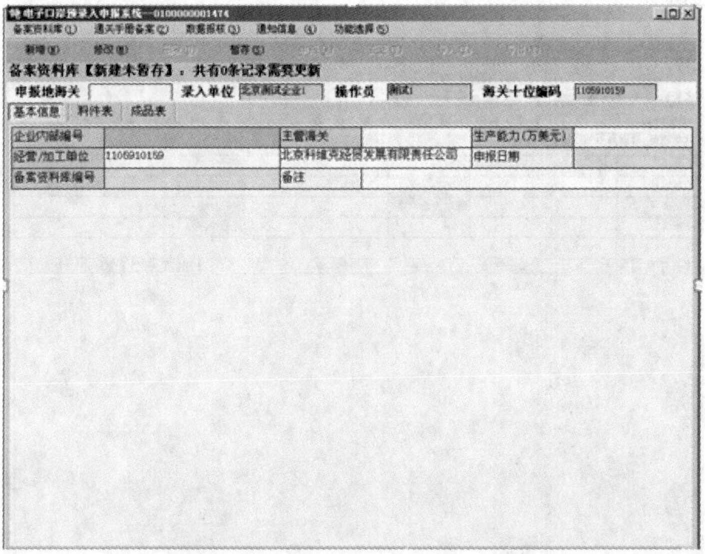

图 5–2　备案资料库基本信息录入界面

表 5–1　备案资料库企业信息部分各字段的填写规范

备案资料库企业信息部分各字段的填写规范			
字段名称	是否必填	其　他　说　明	是否允许变更
申报地海关	必填	4 位数字，根据《关区代码表》填写。敲空格键即可调出相应代码，选中代码即显示相关内容	
录入单位	不可填	系统根据 IC 卡或 IKEY 自动生成	
操作员	不可填	系统根据 IC 卡或 IKEY 自动生成	
企业内部编号	必填项	最多 20 位字符，企业录入	否
备案资料库编号	不可填	成功录入海关库，系统返填预录入号；审批通过，系统返填正式编号	否
经营/加工单位	必填	10 位字符。审批通过后默认为管理对象	否
经营/加工企业名称	必填	最多 30 位字符，根据企业 10 位编码调出，不能修改	
生产能力	必填	最多 18 位数字，整数 13 位，小数 5 位，企业录入	是
主管海关	必填	企业录入	否
申报日期	不可填	数据申报成功时，取系统时间	否
备注	非必填	最多 50 位字符	是

1. 基本信息录入

基本信息表各项录入完毕后，将光标置于“备注”字段位置按回车键，光标即自行跳转至料件表。

2. 料件表信息录入

料件表部分中："料件序号""处理标志"由系统自动生成。"附加编号""商品名称""法定计量单位"在输入"商品编码"后由系统自动调出，除"法定计量单位"字段外，其他字段均可修改。也可先输入"商品名称"，调出相应的"商品编码""附加编号""法定计量单位"（见图 5–3、表 5–2）。

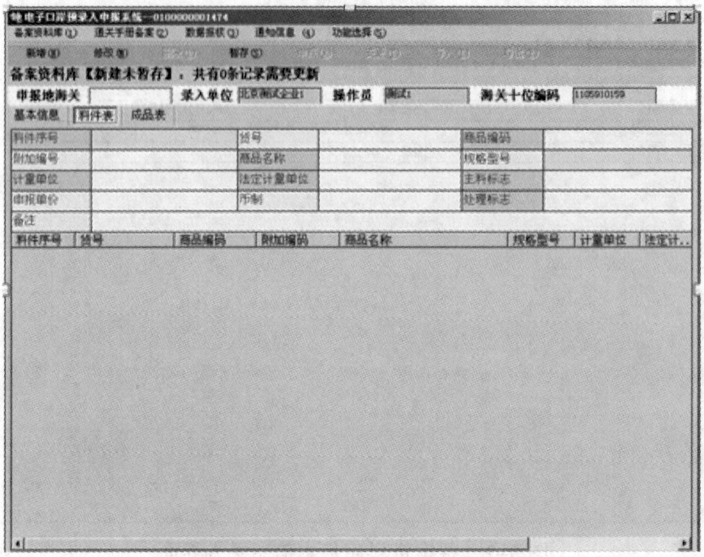

图 5–3 备案资料库料件信息录入界面

表 5–2 备案资料库料件表部分各字段的填写规范

备案资料库料件表部分各字段的填写规范			
字段名称	是否必填	其他说明	是否允许变更
料件序号	不可填	最多 9 位数字，系统自动生成	否
货号	非必填	最多 30 位字符	是
商品编码	必填	8 位数字，根据《商品分类表》《商品归类表》填写。录入商品编码前 4 位即可调出相应信息进行选择	是
附加编号	非必填	2 位数字，可选项。根据商品编码调出，无则空	是
商品名称	必填	最多 50 位字符，输入商品编码后由系统自动调出。也可手工输入	否
计量单位	必填	最多 30 位字符。敲空格键即可调出相应代码，选中代码即可显示相关内容	否
法定计量单位	必填	系统根据商品编码调出	否
主料标志	必填	敲空格键即可调出相应代码，选中代码即可显示相关内容	是
规格型号	非必填	最多 50 位字符	是
申报单价	非必填	最多 18 位数字，整数 13 位，小数 5 位	是
币制	非必填	敲空格键即可调出相应代码，选中代码即可显示相关内容	是
处理标志	不可填	系统根据每条数据记录状态自动置处理标志	
备注	非必填	最多 10 位字符，可填写表格内项目未尽事宜	是

一项料件录入完成后，将光标置于“备注”栏处按回车键，该条料件信息将自动暂存并显示在下方的料件信息列表框中。操作员若想删除已录入的料件项，可在列表框中选中此项料件，单击鼠标右键并在右键菜单中选择“删除一条记录”，即可删除该项料件。

3. 成品表信息录入

输入完料件表部分所有项目后，用 Ctrl+PgDn 键或直接单击成品表，均可进入成品表部分（见图 5–4）。

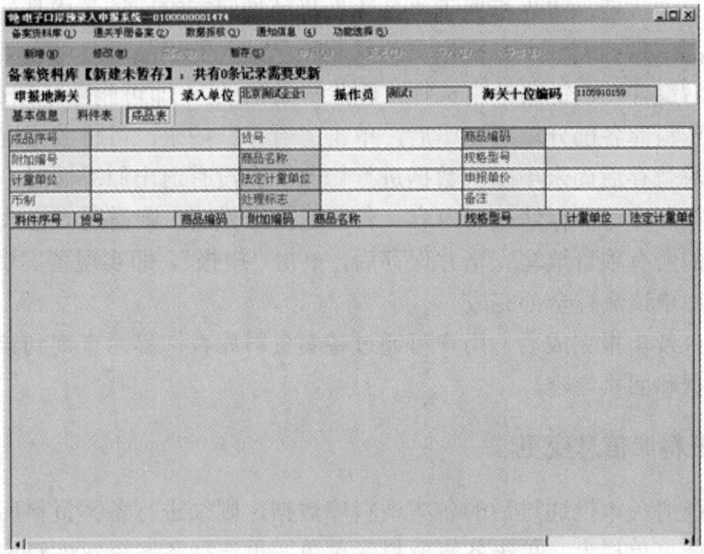

图 5–4　备案资料库成品信息录入界面

成品表部分中：“成品序号”“处理标志”由系统自动生成。“附加编号”“商品名称”“法定计量单位”在输入“商品编码”后由系统自动调出，除“法定计量单位”字段外，其他字段均可修改。也可先输入“商品名称”，调出相应的“商品编码”“附加编码”“法定计量单位”（见表 5–3）。

表 5–3　备案资料库成品表部分各字段的填写规范

备案资料库成品表部分各字段的填写规范			
字段名称	是否必填	其他说明	是否允许变更
成品序号	不可填	最多 9 位数字，系统自动生成	否
货号	非必填	最多 30 位字符	是
商品编码	必填	8 位数字，根据《商品分类表》《商品归类表》填写。录入商品编码前 4 位即可调出相应信息进行选择	是
附加编号	非必填	2 位数字，可选项。根据商品编码调出，无则空	是
商品名称	必填	最多 50 位字符，输入商品编码后由系统自动调出。也可手工输入	否
计量单位	必填	敲空格键即可调出相应代码，选中代码即可显示相关内容	否
法定计量单位	必填	系统根据商品编码调出，不可修改	否
规格型号	非必填	最多 50 位字符	是
申报单价	非必填	最多 18 位数字，整数 13 位，小数 5 位	是

续表

字段名称	是否必填	其 他 说 明	是否允许变更
币制	非必填	敲空格键即可调出相应代码，选中代码即可显示相关内容	是
处理标志	不可填	系统根据每条数据记录状态自动置处理标志	
备注	非必填	最多10位字符，可填写表格内项目未尽事宜	是

一项成品录入完成后，将光标置于“备注”栏处按回车键，该条成品信息将自动暂存并显示在下方的成品信息列表框中。操作员若想删除已录入的成品项，可在列表框中选中此项成品，单击鼠标右键并在右键菜单中选择“删除一条记录”，即可删除该项成品。

企业将备案资料库各部分填写完毕后，单击“暂存”按钮，可将数据进行保存。

操作员若想对暂存后尚未申报的数据进行修改，在没有退出原界面时，可直接修改，修改后再单击“暂存”即可保存修改后内容。若已退出原界面，则需用“修改”按钮来实现。

备案资料库的所有项目填写完毕并保存后，单击“申报”，即实现备案资料库的申报。申报后，备案资料库申请流程全部完成。

备案申请录入及申报完成后，用户可通过备案资料库查询界面查询到该备案资料库的备案状态、明细数据和回执内容。

（二）备案资料库信息变更

若企业需修改海关审批通过后的备案资料库数据，则须进行备案资料库变更申请。在系统界面上方的功能菜单栏上，单击备案资料库菜单，再选择备案资料库查询项，进入查询界面。如图5–5所示。

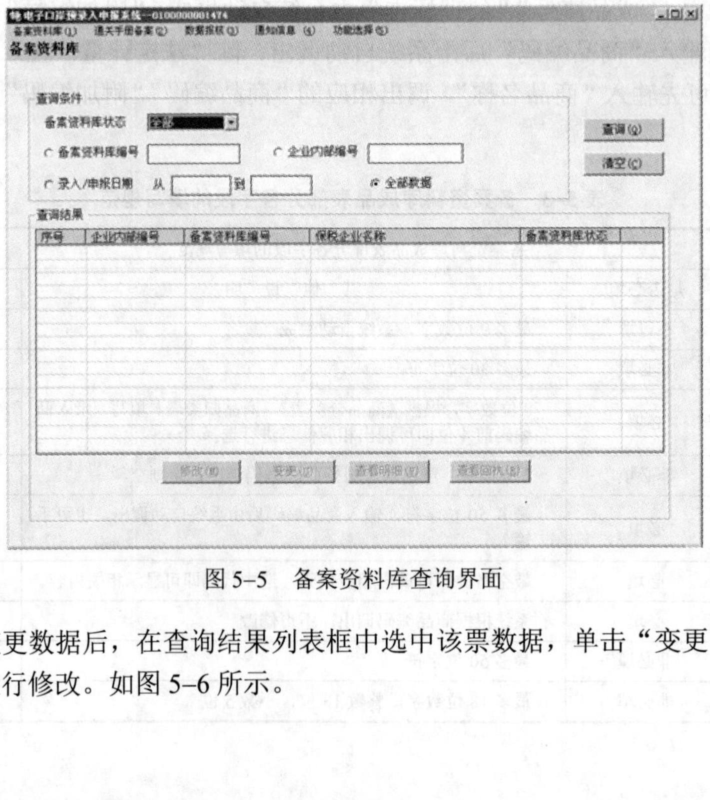

图5–5 备案资料库查询界面

查询到需变更数据后，在查询结果列表框中选中该票数据，单击“变更”按钮，即可调出原备案数据进行修改。如图5–6所示。

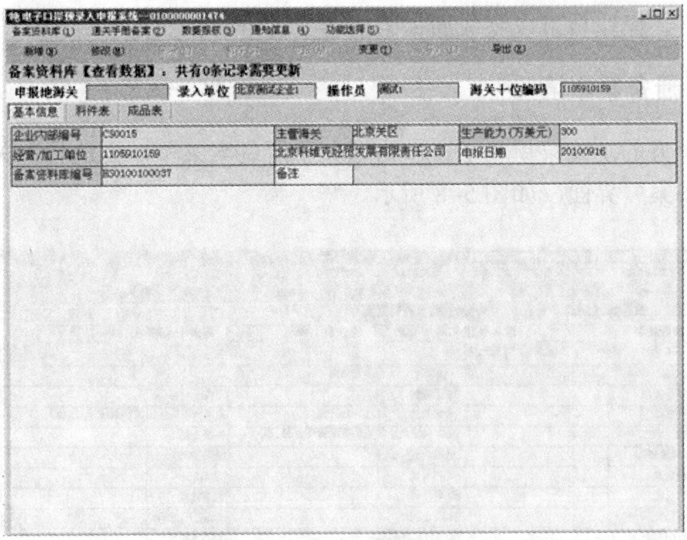

图 5–6　备案资料库信息变更界面

进入变更界面后，系统会将原备案内容调出，企业可做相应的修改。变更录入操作同备案录入操作。变更界面中，录入框为灰色的数据不允许修改。

修改完成后，单击“暂存”，修改即保存成功。单击“申报”按钮，即实现变更数据的申报。

申报数据修改同备案申请一样，在此不再赘述。

操作员进入备案资料库查询界面可以获取到信息变更申请是否获批的信息反馈。如图 5–7 所示。

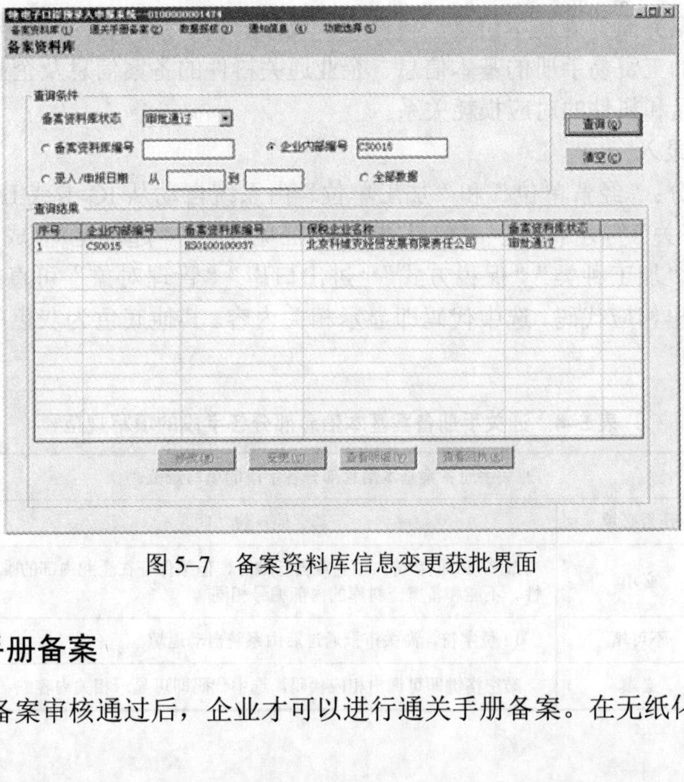

图 5–7　备案资料库信息变更获批界面

二、通关手册备案

备案资料库备案审核通过后，企业才可以进行通关手册备案。在无纸化手册系统“通关手册备案”界面下，操作员可以完成通关手册备案的申请和变更申请。

（一）通关手册备案申请

在系统界面上方的功能菜单栏上，单击通关手册备案菜单，再选择通关手册备案项，即进入“通关手册备案”界面，如图 5–8 所示。

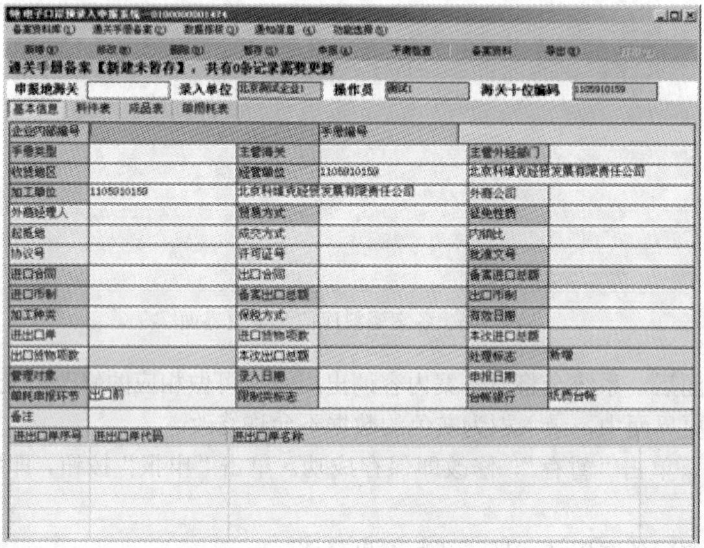

图 5–8　通关手册备案界面

操作员首先录入“申报地海关”，敲空格键即可调出相应代码，选中代码即显示相关内容。

通关手册备案界面分为基本信息、料件表、成品表、单损耗表四个部分，操作员需依次录入企业及企业加工贸易手册的基本信息、企业通关料件的备案信息及企业通关成品的备案信息、归并后成品和料件的对应损耗关系。

1. 基本信息录入

基本信息部分：“经营单位”和“加工单位”由系统自动从 IC 卡或 IKEY 中调出。“手册类型”“主管海关”“收货地区”“贸易方式”“征免性质”“起抵地”“成交方式”“进口币制”“出口币制”“加工种类”“保税方式”“进出口岸”“管理对象”可直接输入代码调出，也可敲空格键调出相应代码，选中代码即显示相关内容。其他底色为灰色的项目不可填（见表 5–4）。

表 5–4　通关手册备案基本信息部分各字段的填写规范

通关手册备案基本信息部分各字段的填写规范			
字段名称	是否必填	其 他 说 明	是否允许变更
企业内部编号	必填	最多 20 位字符，由企业自行编号，但须保证在企业内部的唯一性，不能和备案资料库的内部编号相同	否
手册编号	不可填	12 位字符，海关审批通过后由系统自动返填	否
手册类型	必填	敲空格键即可调出相应代码，选中代码即可显示相关内容	否

续表

字段名称	是否必填	其 他 说 明	是否允许变更
主管海关	必填	敲空格键即可调出相应代码，选中代码即可显示相关内容	否
主管外经贸部门	必填	敲空格键即可调出相应代码，选中代码即可显示相关内容	
收货地区	必填	敲空格键即可调出相应代码，选中代码即可显示相关内容	
经营单位	必填	前一录入框为经营单位在海关注册的10位编码，10位字符。后一录入框系统根据输入的经营单位代码自动返填经营单位名称，30位字符	
加工单位	必填	前一录入框为加工单位在海关注册的10位编码，10位字符。后一录入框系统根据输入的加工单位代码自动返填加工单位名称，30位字符	
外商公司	非必填		
外商经理人	非必填		
贸易方式	必填	敲空格键即可调出相应代码，选中代码即可显示相关内容	
征免性质	必填	敲空格键即可调出相应代码，选中代码即可显示相关内容	
起抵地	非必填	敲空格键即可调出相应代码，选中代码即可显示相关内容	
成交方式	非必填	敲空格键即可调出相应代码，选中代码即可显示相关内容	
内销比	非必填	最多18位数字，整数13位，小数5位，由企业自行填写	
协议号	非必填	最多32位字符，由企业自行填写	
许可证号	非必填	最多20位字符，由企业自行填写	
批准文号	必填	最多40位字符，由企业自行填写	
进口合同	必填	最多20位字符，由企业自行填写	
出口合同	非必填	最多32位字符，由企业自行填写	
备案进口总额	必填	最多18位数字，整数13位，小数5位，由企业自行填写	
进口币制	必填	敲空格键即可调出相应代码，选中代码即可显示相关内容	
备案出口总额	必填	最多18位数字，整数13位，小数5位，由企业自行填写	
出口币制	必填	敲空格键即可调出相应代码，选中代码即可显示相关内容	
加工种类	必填	敲空格键即可调出相应代码，选中代码即可显示相关内容	
保税方式	非必填	敲空格键即可调出相应代码，选中代码即可显示相关内容	
有效日期	必填	8位数字，顺序为年4位，月、日各2位	
进出口岸	非必填	敲空格键即可调出相应代码，选中代码即可显示相关内容	
进口货物项数	不可填	系统根据料件表中料件项数自动返填	
本次进口总额	不可填	系统根据料件表中料件金额自动返填	
出口货物项数	不可填	系统根据成品表中成品项数自动返填	
本次出口总额	不可填	系统根据成品表中成品金额自动返填	
处理标志	不可填	系统根据每票数据记录状态自动置处理标志。默认为新增	
管理对象	必填	敲空格键即可调出相应代码，选中代码即可显示相关内容	

续表

字段名称	是否必填	其 他 说 明	是否允许变更
录入日期	不可填	系统根据录入日期自动返填	
申报日期	不可填	系统根据申报时间自动返填	
单耗申报环节	必填	敲空格键即可调出相应代码，选中代码即可显示相关内容。系统默认为“2–出口前”	
限制类标志	必填	敲空格键即可调出相应代码，选中代码即可显示相关内容	否
台账银行	必填	敲空格键即可调出相应代码，选中代码即可显示相关内容。默认为“纸质台账”	
备注	非必填	最多225位字符，可填写表格内项目未尽事宜	

输完表头“企业内部编号”后，可随时单击“暂存”按钮保存数据。基本信息表各项录入完毕后，单击“暂存”，将光标置于“备注”栏按回车键，界面自动跳转至料件表，单击按钮栏上的“备案资料”按钮，如果企业只有一个备案资料库，则该资料库中的所有料件和成品将自动添加至料件和成品表下方的备案资料表中；如果企业有多个备案资料库，则会弹出已审批通过的备案资料库列表，选中记录并单击“选择”后，该资料库中的所有料件和成品将自动添加至料件和成品表下方的备案资料表中。

2. 料件表信息录入

可在通关手册的料件表下方输入“商品名称”“商品编码”或“料件序号”直接调用备案资料库相应备案商品信息。手册中的料件和成品必须从备案资料库中调入后，再补录其他部分。如图5–9所示。

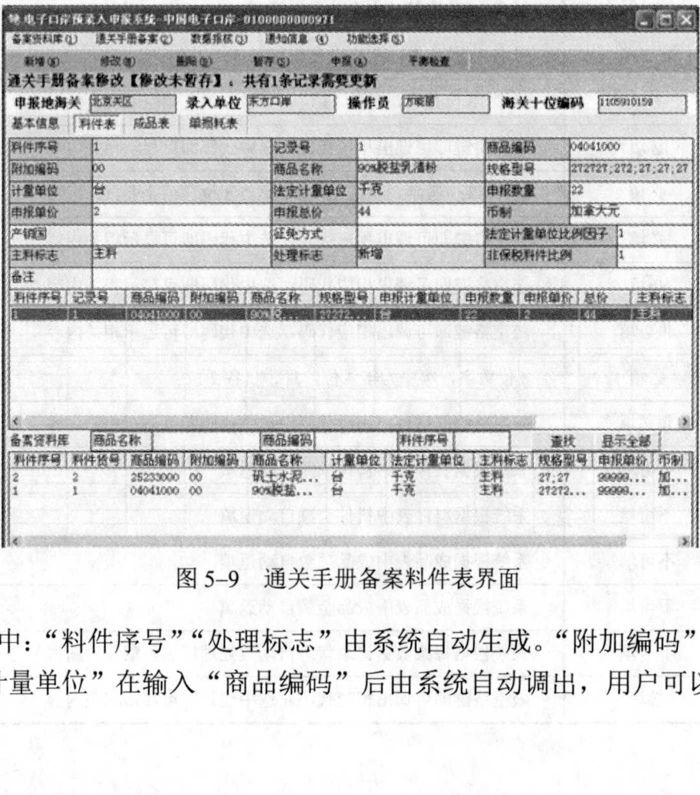

图5–9 通关手册备案料件表界面

料件表部分中：“料件序号”“处理标志”由系统自动生成。“附加编码”“商品名称”“计量单位”“法定计量单位”在输入“商品编码”后由系统自动调出，用户可以对其进行修改。

也可先输入“商品名称”，调出相应的“附加编码”“商品编号”“计量单位”“法定计量单位”。（见表 5–5）

表 5–5 通关手册备案料件表部分各字段的填写规范

通关手册备案料件表部分各字段的填写规范			
字段名称	是否必填	其 他 说 明	是否允许变更
料件序号	不可填	最多 9 位数字，系统自动生成	否
记录号	必填	对应备案资料库表体序号，选中列表中信息后，系统自动生成	是
商品编码	必填	8 位数字，输入记录号后根据备案资料库料件数据返填	
附加编码	不可填	2 位数字，可选项。根据商品编码调出，无则空	
商品名称	必填	最多 50 位字符，根据输入的记录号由系统自动调出。也可手工输入	否
规格型号	非必填	最多 50 位字符	是
计量单位	必填	敲空格键即可调出相应代码，选中代码即可显示相关内容	否
法定计量单位	必填	系统根据商品编码调出，不可修改	否
申报数量	必填	最多 18 位数字，整数 13 位，小数 5 位	
申报单价	必填	最多 18 位数字，整数 13 位，小数 5 位。可录入单价，系统自动生成对应总价，也可由企业录入总价，系统自动生成对应单价	是
申报总价	必填	最多 18 位数字，整数 13 位，小数 5 位。可录入单价，系统自动生成对应总价，也可由企业录入总价，系统自动生成对应单价	
主料标志	必填	敲空格键即可调出相应代码，选中代码即可显示相关内容。备案时从备案资料库直接调用生成	是
币制	必填	敲空格键即可调出相应代码，选中代码即可显示相关内容	是
产销国	非必填	敲空格键即可调出相应代码，选中代码即可显示相关内容	
征免方式	非必填	敲空格键即可调出相应代码，选中代码即可显示相关内容	
法定计量单位比例因子	必填	最多 18 位数字，整数 9 位，小数 9 位	
非保税料件比例	必填	最多 2 位数字。默认为 0	
处理标志	不可填	系统根据每条数据记录状态自动置处理标志	
备注	非必填	最多 10 位字符，可填写表格内项目未尽事宜	是

一项料件录入完成后，将光标置于“备注”栏处按回车键，该条料件信息将自动暂存并显示在下方的料件信息列表框中。操作员若想删除已录入的料件项，可在列表框中选中此项料件，单击鼠标右键并在右键菜单中选择“删除一条记录”，即可删除该项料件。

3. 成品表信息录入

输入完料件部分的所有项目后，用 Ctrl+PgDn 键或直接单击成品表，均可进入成品表部分。如图 5–10 所示。

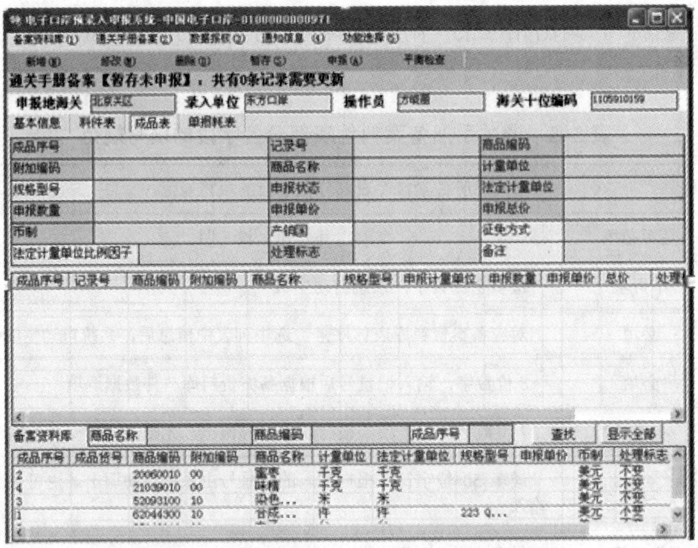

图 5-10　通关手册备案成品表界面

成品表部分中："成品序号""处理标志"由系统自动生成。"附加编码""商品名称""计量单位""法定计量单位"在输入"商品编码"后由系统自动调出，用户可以对其进行修改。也可先输入"商品名称"，调出相应的"附加编码""商品编码""计量单位""法定计量单位"。

可在通关手册的成品表下方输入"商品名称""商品编码"或"成品序号"直接调用备案资料库相应备案商品信息。（见表 5–6）

表 5–6　通关手册备案成品表部分各字段的填写规范

通关手册备案成品表部分各字段的填写规范			
字段名称	是否必填	其　他　说　明	是否允许变更
成品序号	不可填	最多 9 位数字，系统自动生成	否
记录号	必填	对应备案资料库表体序号，选中列表中信息后，系统自动生成	是
商品编码	必填	8 位数字，输入记录号后根据备案资料库成品数据返填	
附加编码	不可填	2 位数字，可选项。根据商品编码调出，无则空	
商品名称	必填	最多 50 位字符，根据输入的记录号由系统自动调出。也可手工输入	否
计量单位	必填	敲空格键即可调出相应代码，选中代码即可显示相关内容	
规格型号	非必填	最多 50 位字符	是
法定计量单位	必填	系统根据商品编码调出，不可修改	否
申报状态	必填	敲空格键即可调出相应代码，选中代码即可显示相关内容。系统默认为"1–不申报"	
申报数量	必填	最多 18 位数字，整数 13 位，小数 5 位	
申报单价	必填	最多 18 位数字，整数 13 位，小数 5 位。可根据申报总价返填	是

续表

字段名称	是否必填	其 他 说 明	是否允许变更
申报总价	必填	最多18位数字，整数13位，小数5位。可根据申报单价返填	
币制	必填	敲空格键即可调出相应代码，选中代码即可显示相关内容	是
产销国	非必填	敲空格键即可调出相应代码，选中代码即可显示相关内容	
征免方式	非必填	敲空格键即可调出相应代码，选中代码即可显示相关内容	
法定计量单位比例因子	必填	最多18位数字，整数9位，小数9位	
处理标志	不可填	系统根据每条数据记录状态自动置处理标志	
备注	非必填	最多10位字符，可填写表格内项目未尽事宜	是

一项成品录入完成后，将光标置于“备注”栏处按回车键，该项成品信息将自动暂存并显示在下方的成品信息列表框中。操作员若想删除已录入的成品项，可在列表框中选中此项成品，单击鼠标右键并在右键菜单中选择“删除一条记录”，即可删除该项成品。

4. 单损耗表信息录入

输入完成品部分的所有项目后，用 Ctrl+PgDn 键或直接单击单损耗表，均可进入单损耗表部分。如图 5–11 所示。

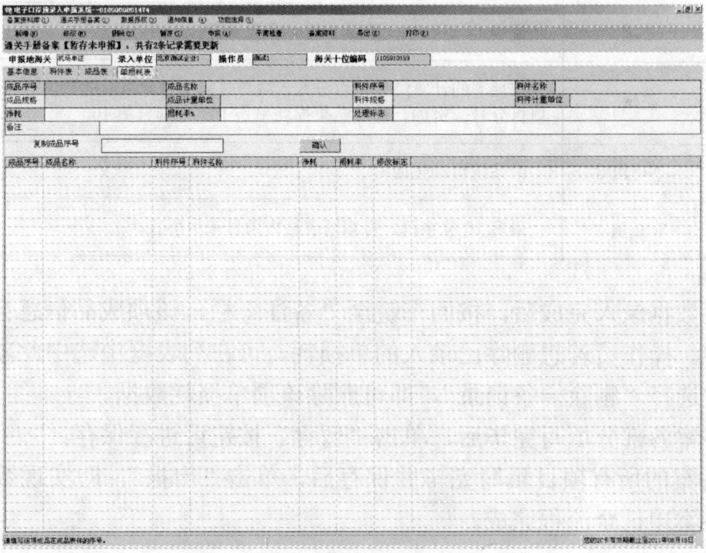

图 5–11 通关手册备案损耗表界面

单损耗表部分中：“处理标志”由系统自动生成。“成品名称”“成品规格”“成品计量单位”在输入“成品序号”后由系统自动调出；“料件名称”“料件规格”“料件计量单位”在输入“料件序号”后由系统自动调出。

操作员在录入单损耗时，也可使用复制功能复制已录入某项成品的单损耗数据。操作员可在录入成品货号后，在界面中部的“复制成品货号等于_____的单损耗信息”框中输入想复制的成品货号，单击确认，系统将自动复制该项成品的单损耗数据并将其显示在单损耗信息列表框中，用户可在录入框中对其进行修改，修改完毕后，按回车键至“备注”栏后，修改数据即保存成功（见表 5–7）。

表 5–7 通关手册备案单损耗表部分各字段的填写规范

通关手册备案单损耗表部分各字段的填写规范

字段名称	是否必填	其他说明	是否允许变更
成品序号	必填	最多 9 位数字，必须保证该序号在成品表中存在	
成品名称	必填	输入成品序号后由系统自动调出	
成品规格	非必填	输入成品序号后由系统自动调出	
成品计量单位	必填	输入成品序号后由系统自动调出	
料件序号	必填	最多 9 位数字，必须保证该序号在料件表中存在	
料件名称	必填	输入料件序号后由系统自动调出	
料件规格	非必填	输入料件序号后由系统自动调出	
料件计量单位	必填	输入料件序号后由系统自动调出	
净耗	必填	最多 18 位数字，整数 9 位，小数 9 位	
损耗率%	必填	损耗率的计算结果是百分数，填写时只填百分号前的数值，而不填百分号。例如，计算结果损耗率是 10%，则只填 10	
处理标志	不可填	由系统自动生成	
备注	非必填	最多 10 位字符，可填写表格内项目未尽事宜	

一项单损耗数据录入完成后，按回车键至“备注”栏，该项成品信息会自动暂存并显示在下方列表框中。操作员若想删除已录入的单损耗，可在列表框中选中此项，单击鼠标右键并在右键菜单中选择“删除一条记录”，即可删除该项单损耗数据。

通关手册备案各部分填写完毕后，单击“暂存”按钮可进行保存。

通关手册备案的所有项目填写完毕并保存后，单击“申报”，即实现数据的申报。申报后，通关手册备案申请全流程完成。

（二）通关手册备案变更申请

若企业需修改海关审批通过后的通关手册备案数据，则须进行通关手册备案变更申请。

变更申请时，需首先查询出需变更的通关手册备案数据。在系统界面上方的功能菜单栏上，单击“通关手册备案”菜单，选择“通关手册备案查询”项，或在通关备案界面上单击“变更”按钮，均可进入“通关手册备案查询”界面。如图 5–12 所示。

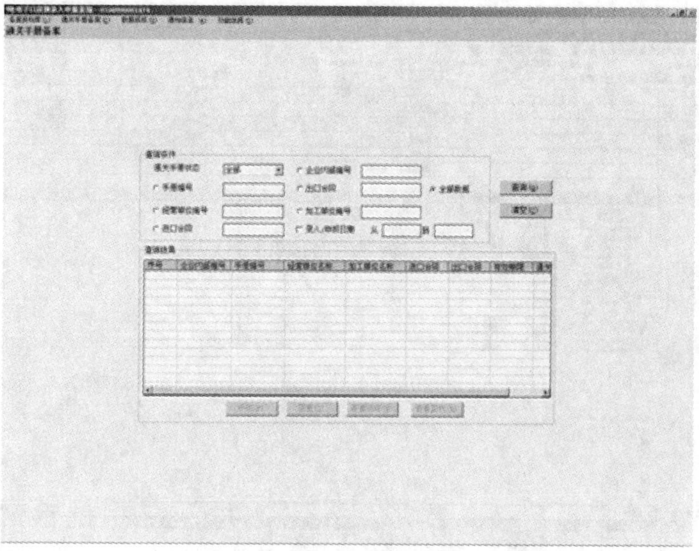

图 5–12　通关手册备案查询界面

查询到需变更的数据后，在查询结果列表框中选中该票数据，单击“变更”按钮，即可调出原备案数据进行修改。如图 5–13 所示。

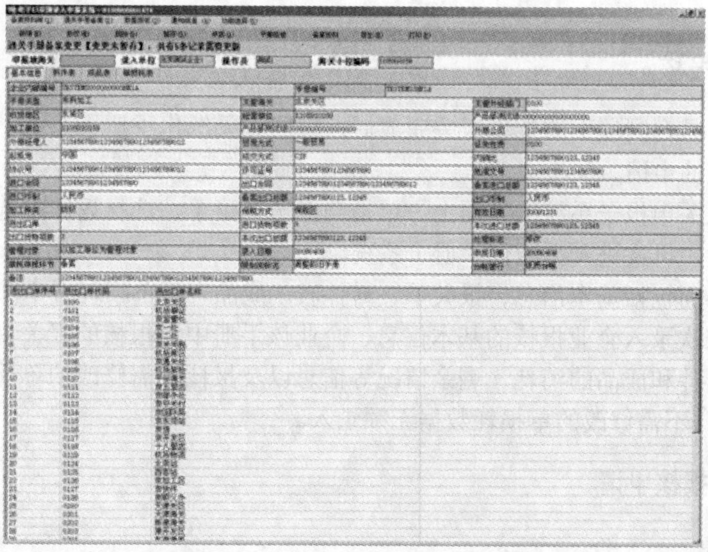

图 5–13　通关手册备案数据变更界面

进入变更界面后，系统会将原备案内容调出，企业可做相应的修改。变更界面中，录入框为灰色的数据不允许修改。变更暂存后，发生变更的字段区别显示，如图 5–14 所示。

操作员如需修改某项审批通过的料件或成品数据，可在料件表/成品表的信息列表框中选中该项料件/成品，然后在录入框中对该项料件/成品数据进行修改。操作员如需删除某项审批通过的料件或成品数据或恢复修改/删除操作，可在料件表/成品表的信息列表框中选中该项料件/成品，单击鼠标右键并在右键菜单中进行相应的操作。

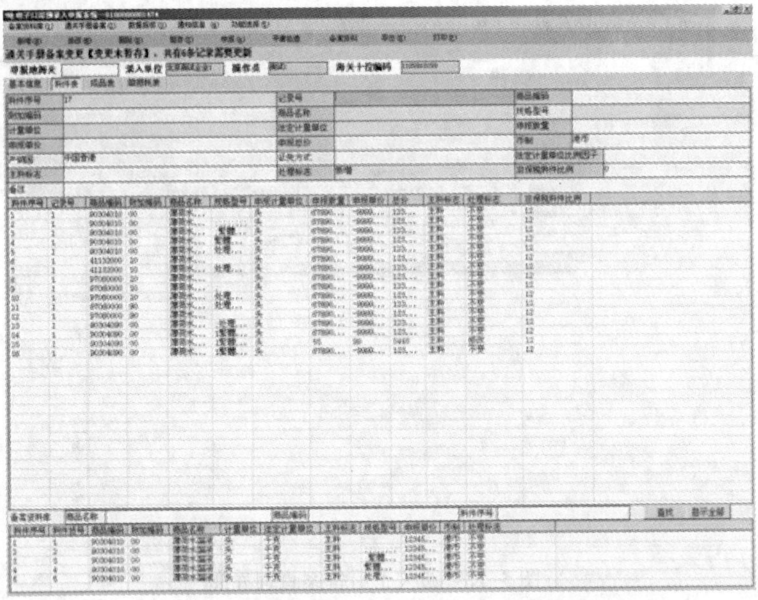

图 5–14 通关手册备案数据变更字段区别显示

通关手册备案修改完成后，单击“暂存”按钮，修改即保存成功。单击“申报”按钮，即实现变更数据的申报。数据申报后，未收到海关“审批通过”或“退单”回执前，数据不能再修改。

三、数据报核

企业加工贸易合同项下的货物报关完成后，应回到无纸化手册子系统，在数据报核界面下进行合同报核的申请。

操作员在报关申报子系统的界面上方单击功能选择菜单，选择返回主选单项，系统将返回至主选单界面，再次进入无纸化手册子系统。

数据报核界面包括基本信息、报关单、料件表、成品表、单损耗五个部分。

操作员需依次录入企业报核的基本信息、企业该手册中需报核的报关单基本信息、该手册下需报核的料件和成品的消耗、剩余情况等信息以及报核时需修改的单损耗数据（带有修改标志的数据），不需修改的单损耗数据无须录入。

（一）数据报核申请

1. 基本信息

在无纸化手册子系统界面上方功能菜单上，单击数据报核，选择数据报核选项进入界面。如图 5–15 所示。

基本信息各项中：“企业内部编号”和“经营单位”在输入“手册编号”后由系统自动调出。“报核类型”默认为“电子手册正式报核”，也可敲空格键进行选择。“进口报关单份数”“出口报关单份数”“报核料件项数”“报核成品项数”在填写完报关单、料件表、成品表表后由系统自动返填。“录入日期”由系统自动填写，“申报日期”在申报时由系统自动生成（见表 5–8）。

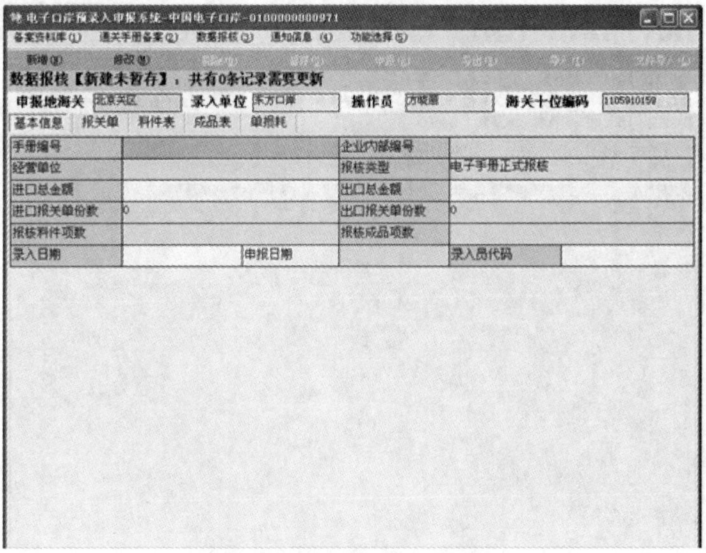

图 5-15 数据报核基本信息界面

表 5-8 数据报核基本信息表头各字段的填写规范

数据报核基本信息表头各字段的填写规范			
字段名称	是否必填	其 他 说 明	是否允许变更
手册编号	必填	12 位字符，为通关手册备案中的“电子手册编号”	
企业内部编号	不可填	输入通关手册编号后由系统自动调出。该“企业内部编号”与通关备案中的“企业内部编号”一致	
经营单位	不可填	输入通关手册编号后由系统自动调出	
报核类型	必填	系统自动生成	
进口总金额	必填	最多 18 位，13 位整数，5 位小数	
出口总金额	必填	最多 18 位，13 位整数，5 位小数	
进口报关单份数	不可填	由系统根据报关单表中的进口报关单项数自动返填	
出口报关单份数	不可填	由系统根据报关单表中的出口报关单项数自动返填	
报核料件项数	不可填	由系统根据料件表表中的报核料件项数自动返填	
报核成品项数	不可填	由系统根据成品表表中的报核成品项数自动返填	
录入日期	不可填	由系统根据录入日期自动生成	
申报日期	不可填	由系统根据申报自动生成	
录入员代码	必填	最多 4 位字符，企业自行编录	

2. 报关单

输入完基本信息后，用 Ctrl+PgDn 键或直接单击“报关单”均可切换到报关单界面。如图 5-16 所示。

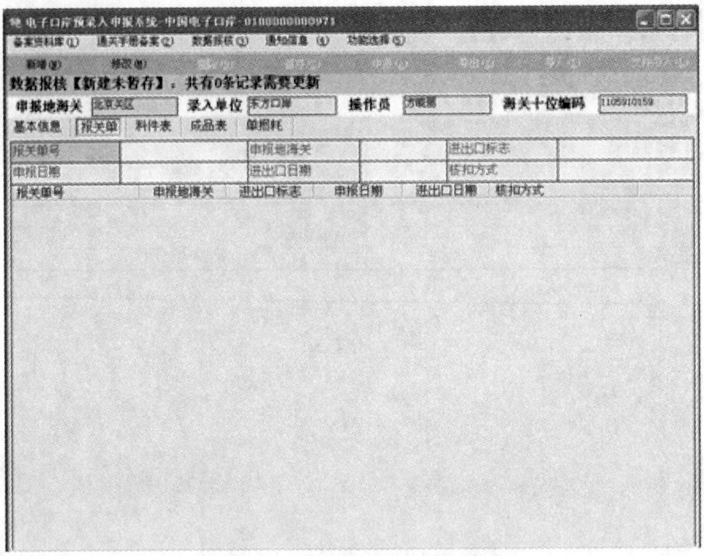

图 5–16　数据报核报关单界面

报关单部分中：“申报地海关”“进出口标志”“核扣方式”敲空格键即可调出相应代码，选中代码即可显示相关内容。“进出口标志”也可在输入“报关单号”后由系统自动调出。操作员可手工录入需报核的报关单信息，也可单击按钮栏上的导入、文件导入按钮，提取该手册需报核的报关单数据，并填写进报关单表体中。操作员也可从报关单表体中鼠标右键单击列表中的报关单，选择“删除一条记录”将此份报关单数据删除。

3. 料件表

输入完报关单部分所有项目后，用 Ctrl+PgDn 键或直接单击料件表均可进入料件表界面，如图 5–17 所示。

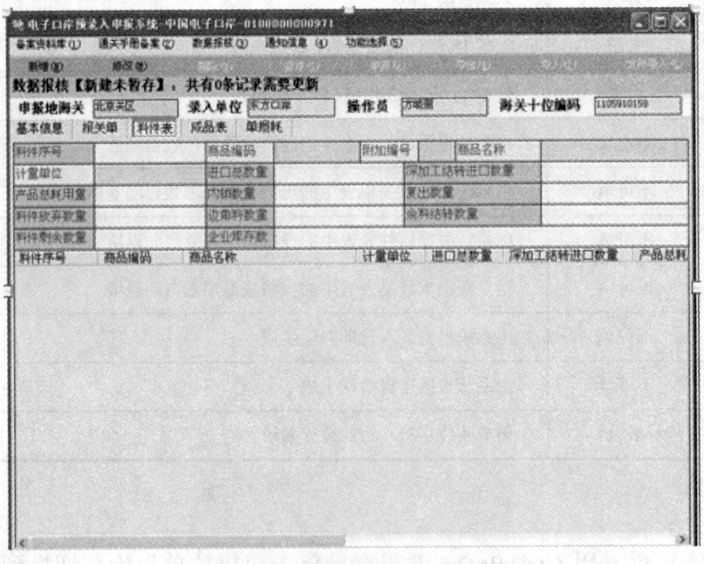

图 5–17　数据报核料件表界面

料件表中，输入“料件序号”后，即可调出“商品编码”“附加编号”“商品名称”“计量单位”项目。如表 5–9 所示。

表 5–9 数据报核进口料件各字段的填写规范

数据报核进口料件各字段的填写规范			
字段名称	是否必填	其 他 说 明	是否允许变更
料件序号	必填	最多 9 位数字。该序号即为通关备案料件表中的料件序号	
商品编码	不可填	输入料件序号后，由系统从通关备案料件表中调出	
附加编号	不可填	输入料件序号后，由系统从通关备案料件表中调出	
商品名称	不可填	输入料件序号后，由系统从通关备案料件表中调出	
计量单位	不可填	输入料件序号后，由系统从通关备案料件表中调出	
进口总数量	必填	最多 18 位数字，整数 13 位，小数 5 位	
深加工结转进口数量	必填	最多 18 位数字，整数 13 位，小数 5 位	
产品总耗用量	必填	最多 18 位数字，整数 13 位，小数 5 位	
内销数量	必填	最多 18 位数字，整数 13 位，小数 5 位	
复出数量	必填	最多 18 位数字，整数 13 位，小数 5 位	
料件放弃数量	必填	最多 18 位数字，整数 13 位，小数 5 位	
料件剩余数量	必填	最多 18 位数字，整数 13 位，小数 5 位	
边角料数量	必填	最多 18 位数字，整数 13 位，小数 5 位	
余料结转数量	必填	最多 18 位数字，整数 13 位，小数 5 位	

4. 成品表

输入完进口料件部分所有项目后，用 Ctrl+PgDn 键或直接单击成品表均可进入成品表界面。如图 5–18 所示。

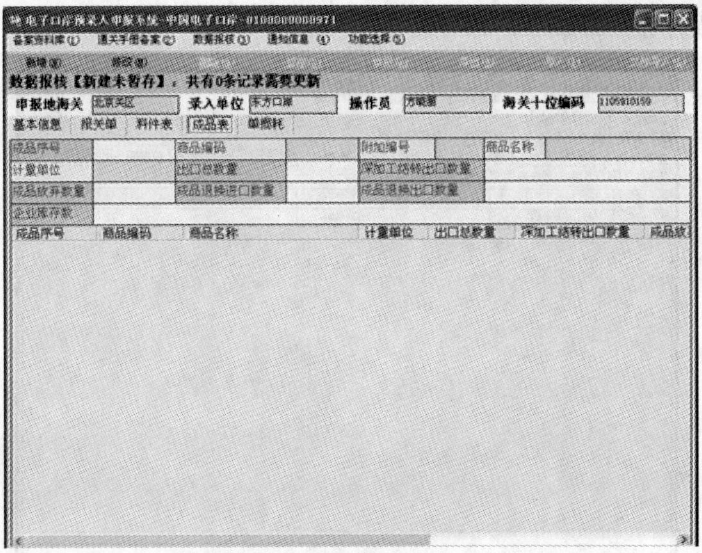

图 5–18 数据报核成品表界面

成品表中，输入“成品序号”后，即可调出“商品编码”“附加编号”“商品名称”“计量单位”项目。如表 5–10 所示。

表 5–10 数据报核出口成品各字段的填写规范

数据报核出口成品各字段的填写规范			
字段名称	是否必填	其 他 说 明	是否允许变更
成品序号	必填	最多 9 位数字。该序号即为通关备案成品表中的成品序号	
商品编码	不可填	输入成品序号后，由系统从通关备案成品表中调出	
附加编号	不可填	输入成品序号后，由系统从通关备案成品表中调出	
商品名称	不可填	输入成品序号后，由系统从通关备案成品表中调出	
计量单位	不可填	输入成品序号后，由系统从通关备案成品表中调出	
出口总数量	必填	最多 18 位数字，整数 13 位，小数 5 位	
深加工结转出口数量	必填	最多 18 位数字，整数 13 位，小数 5 位	
成品放弃数量	必填	最多 18 位数字，整数 13 位，小数 5 位	
成品退换进口数量	必填	最多 18 位数字，整数 13 位，小数 5 位	
成品退换出口数量	必填	最多 18 位数字，整数 13 位，小数 5 位	
企业库存数	必填	最多 18 位数字，整数 13 位，小数 5 位	

成品表填写完成后，单击“暂存”，可将未保存数据进行保存。数据报核的录入已完成。单击按钮栏中的“申报”按钮即可实现数据报核的申报。

5. 单损耗

企业数据报核时，如需对在通关手册备案中申报的单损耗数据进行修改，则可进入单损耗界面，对需修改的单损耗数据修改并申报。

如果需要修改单损耗关系，在成品表填写完成后，用 Ctrl+PgDn 键或直接单击“单损耗”，即进入单损耗界面。如图 5–19 所示。

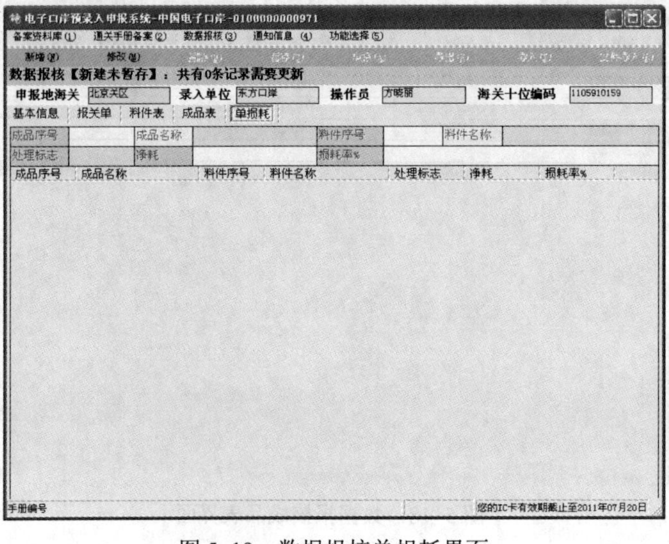

图 5–19 数据报核单损耗界面

单损耗界面中，输入“成品序号”，即可调出“成品名称”；输入“料件序号”，即可调出该项成品和料件之间的单损耗关系。“处理标志”项默认为“修改”，且不可更改。如表 5–11 所示。

表 5–11　数据报核单损耗各字段的填写规范

数据报核单损耗各字段的填写规范			
字段名称	是否必填	其 他 说 明	是否允许变更
成品序号	必填	最多 9 位数字。该序号即为通关备案成品表中的成品序号	
成品名称	不可填	输入成品序号后，由系统自动调出	
料件序号	必填	最多 9 位数字。该序号即为通关备案料件表中的料件序号	
料件名称	不可填	输入料件序号后，由系统自动中调出	
处理标志	不可填	系统默认为“修改”	
净耗	必填	最多 18 位数字，整数 9 位，小数 9 位	
损耗率%	必填	损耗率的计算结果是百分数，填写时只填百分号前的数值，而不填百分号。例如，计算结果损耗率是 10%，则只填 10	

单损耗填写完成后，单击“暂存”保存数据。操作员若想对暂存后未申报的数据进行修改，在没有退出原界面时，可直接修改，修改后再单击“暂存”即可。若已退出原来的界面，则需用修改按钮来实现。

数据报核所有项目录入完毕后单击申报，即实现数据报核的申报。数据报核全流程完成。

（二）数据报核查询

数据报核录入及申报完成后，操作员可通过数据报核查询界面查询到该报核的申报状态、明细数据和回执内容，如图 5–20 及图 5–21 所示。

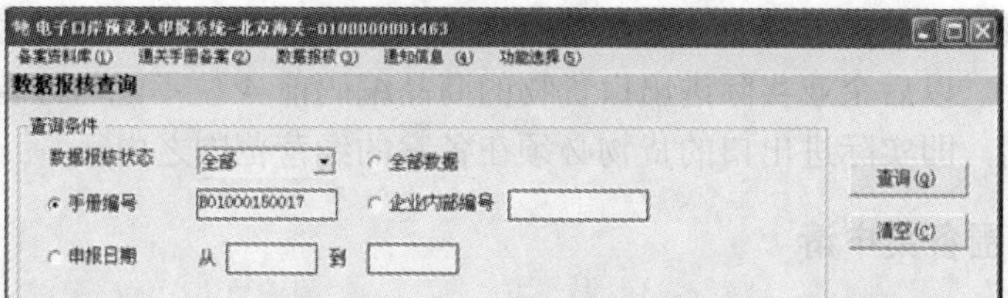

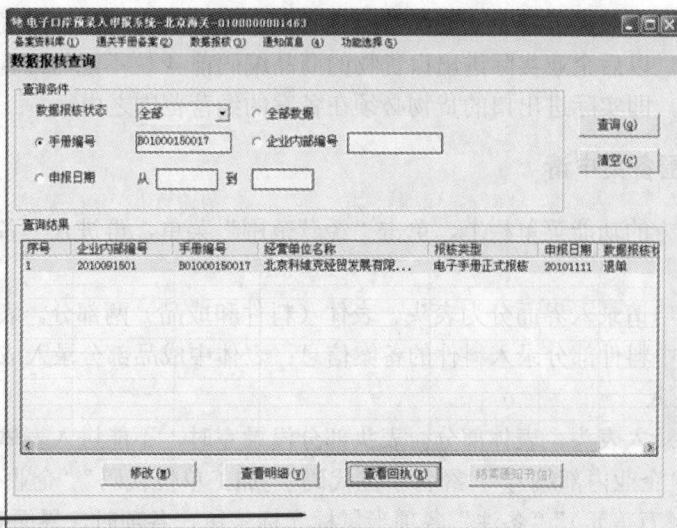

图 5–20　数据报核查询界面

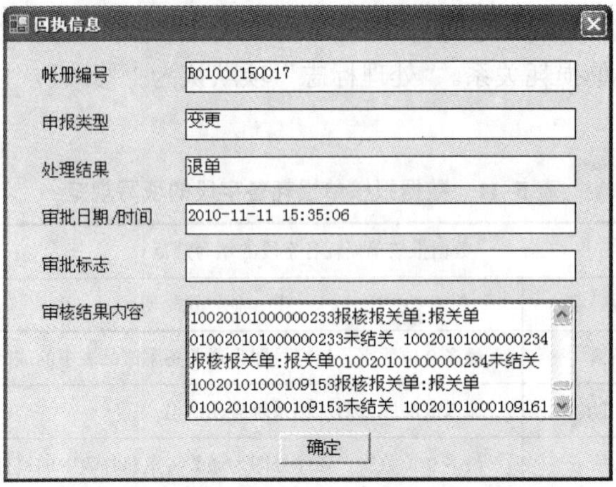

图 5–21　回执信息界面

手册结案后，操作员可单击数据报核查询界面中的“结案通知书”按钮，查看结案通知书的内容。

第二节　电子账册系统

加工贸易企业可以选择电子账册管理和无纸化手册管理两种监管模式，其中规模大、信息化管理规范、企业管理类别为认证企业的可以申请电子账册管理。

一、经营范围备案与变更申请

加工贸易企业需向商务主管部门和海关进行经营范围的备案，即将企业进出口货物的范围进行备案。在加工贸易业务中，进出口货物（料件、成品）按照商品编码（HS 编码）前 4 位的不同，分为不同种类。经营范围是企业被批准经营的料件、成品的范围。

商务主管部门首先按企业备案的 HS 编码等信息，审核其经营范围是否在允许的加工贸易范围之内；审核通过后，再将企业的经营范围备案信息发给海关，海关确认后依此对企业加工行为进行监管。以后企业实际进出口货物的商品编码前 4 位不能与经营范围备案中的商品编码前 4 位不同，即实际进出口的货物必须在备案的经营范围之内。

（一）经营范围备案申请

在系统界面上方的功能菜单栏上，单击“经营范围”菜单，再进入“备案申请”界面，如图 5–22所示。

经营范围备案申请录入界面分为表头、表体（料件和成品）两部分。表头部分录入企业的基本信息；表体中料件部分录入料件的备案信息；表体中成品部分录入成品的备案信息。

1. 表头信息录入

操作员需依次录入表头、表体部分。表头部分没录完时，不能进入表体部分进行录入。

表头部分中：“企业内部编号”“经营单位代码”“加工单位代码”“企业有效期”“申报日期”“年加工能力（万美元）”“备注”各项当鼠标光标停留在各项时，界面底部有系统提示。“经营单位名称”在输入“经营单位代码”后由系统自动调出。“加工单位名称”在输入“加工单位代码”后由系统自动调出。“账册类型”“申报日期”由系统自动生成。“主管外经贸部门”可直接输入代码调出，也可敲空格键调出相应代码，选中代码即可显示相关内容。其他底色为灰色的项目不可填。如表 5–12 所示。

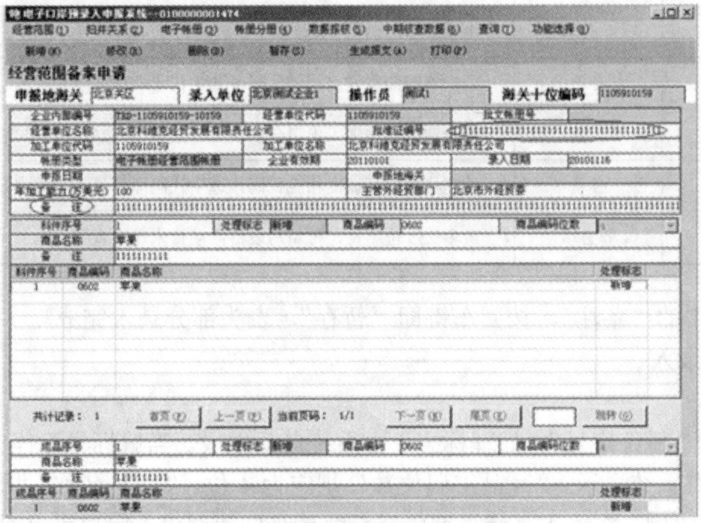

图 5–22　经营范围备案申请界面

表 5–12　经营范围备案表头部分各字段的填写规范

经营范围备案表头部分各字段的填写规范		
字段名称	是否必填	其 他 说 明
申报地海关	必填	4 位数字，根据《关区代码表》填写。敲空格键即可调出相应代码，选中代码即显示相关内容
录入单位	不可填	系统根据 IC 卡或 IKEY 自动生成
操作员	不可填	系统根据 IC 卡或 IKEY 自动生成
企业内部编号	必填	最多 20 位字符，企业录入
经营单位代码	必填	为经营单位在海关注册的 10 位编码
经营/加工单位	必填	10 位字符。审批通过后默认为管理对象
批文账册号	非必填	首次备案时不填，变更时填写海关审批后给出的批文账册号，12 位字符
经营单位名称	必填	输入经营单位代码后由系统自动调出
批准证编号	非必填	首次申请时不填，变更时填写商务主管部门审批后给出的批准证编号，40 位字符。（目前，商务主管部门可以在网上审批，也可以不在网上审批，若不在网上审批，则可能不是 12 位字符，此时根据实际审批结果填写）
加工单位代码	必填	为加工单位在海关注册的 10 位编码
加工单位名称	必填	输入加工单位代码后由系统自动调出
账册类型	不可填	由系统自动给出
企业有效期	非必填	8 位数字，顺序为年 4 位，月、日各 2 位

续表

字段名称	是否必填	其 他 说 明
批准日期	不可填	由系统返填
申报日期	非必填	由系统自动调出，8位数字，顺序为年4位，月、日各2位
申报地海关	必填	敲空格键即可调出相应代码，选中代码即可显示相关内容
年加工能力（万美元）	必填	按企业年最大加工出口金额填写，最多18位数字，整数13位，小数5位
主管外经贸部门	必填	敲空格键即可调出相应代码，选中代码即可显示相关内容
备注	非必填	最多255位字符，可填写表格内项目未尽事宜

输入完表头中的“备注”，按回车键即“暂存”，表头部分录入完成。

2. 表体信息录入

1）料件信息

料件部分中：“料件序号”“处理标志”由系统自动生成。当鼠标光标停留在“商品编码”项时，界面底部有系统提示。“商品编码位数”规定为4位。“商品名称”“计量单位”“法定单位”“法定单位比例”在输入“商品编码”后由系统自动调出，用户可以对其进行修改。也可先输入“商品名称”，调出相应的“商品编码”“计量单位”“法定单位”“法定单位比例”。如表5–13所示。

表5–13　经营范围备案料件表各字段的填写规范

经营范围备案料件表各字段的填写规范		
字段名称	是否必填	其 他 说 明
料件序号	必填	由系统自动生成，最多9位数字
处理标志	必填	由系统自动生成
商品编码	必填	10位数字（8位商品编码+2位附加编号），根据《商品分类表》（COMOLEX）、《商品归类表》（CLASSIFY）填写。录入商品编码前4位即可调出相应信息进行选择
商品名称	必填	输入商品编码后由系统自动调出
备注	非必填	最多50位字符，可填写表格内项目未尽事宜

料件部分填写完成后，可单击“暂存”，也可直接回车，数据都保存成功。

2）成品信息

输入完料件部分的所有项目后，用Ctrl+End键切换到成品部分。

成品部分中：“成品序号”“处理标志”由系统自动生成。当鼠标光标停留在“商品编码”项时，界面底部有系统提示。“商品编码位数”规定为4位。“商品名称”在输入“商品编码”后由系统自动调出，用户可以对其进行修改。也可先输入“商品名称”，调出相应的“商品编码”。如表5–14所示。

表 5–14　经营范围备案成品表各字段的填写规范

经营范围备案成品表各字段的填写规范		
字段名称	是否必填	其 他 说 明
成品序号	必填	由系统自动生成，最多 9 位数字
处理标志	必填	由系统自动生成
商品编码	必填	10 位数字（8 位商品编码+2 位附加编号），根据《商品分类表》（COMOLEX）、《商品归类表》（CLASSIFY）填写。录入商品编码前 4 位即可调出相应信息进行选择
商品名称	必填	输入商品编码后由系统自动调出
备注	非必填	最多 50 位字符，可填写表格内项目未尽事宜

成品部分填写完成后，单击“暂存”或直接回车，数据都可保存成功。

成品部分的项目填写完成后，单击“生成报文”，即实现申报。经营范围备案申请全流程完成。

（二）经营范围备案变更申请

若加工企业想对海关审批通过后的经营范围备案数据进行修改，则必须进行变更申请。

变更申请时，单击“经营范围”，进入“经营范围”菜单，再单击“变更申请”，进入“变更申请”界面，界面内容同备案申请。如图 5–23所示。

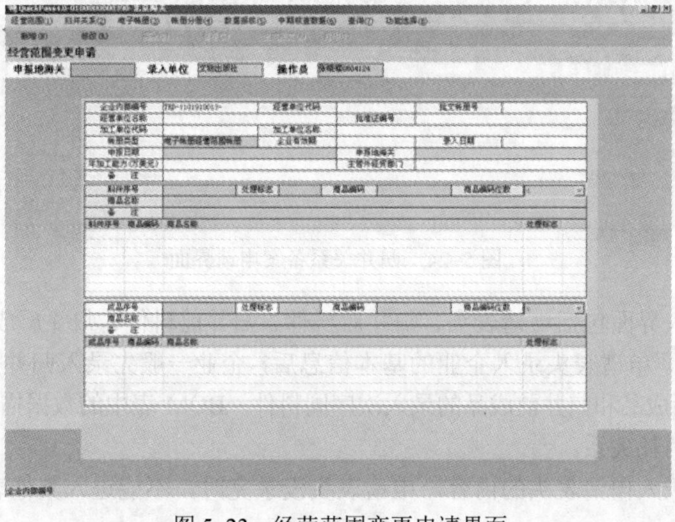

图 5–23　经营范围变更申请界面

操作员录入“账册编号”或“企业内部编号+经营单位代码”，即可调出需修改的经营范围数据进行修改。其中如“企业内部编号”等背景为灰色的字段不能修改。

修改完后，单击“暂存”，修改即保存成功。单击“生成报文”，即实现向海关申报。数据生成报文后，未收到海关“审批通过”或“退单”回执前，数据不能再修改。

二、归并关系备案与变更申请

企业和海关对货物（料件、成品）的管理重点不同：生产企业内部对货物管理的精确程度要求较高，企业必须区分全部不同种类、规格、功能、大小甚至颜色的货物；而海关在进出口管理中，需要对不同货物进行区别管理，以提高管理效率，即对特殊的、敏感的、需重点监管的货物，应详细管理，而对一般货物，无须对其逐项区分和计算，所以企业需按照海关认可的归并原则对货物进行归并，将近似的、非敏感的货物合并为一项向海关申报。

企业需向海关申报实际的归并前货物清单以及按归并原则进行归并后的货物清单。海关要审核其归并关系是否符合归并原则。基本的归并原则是：货物的 HS 编码、计量单位一致的可归并为一项；其他归并原则由主管海关根据具体监管要求另行规定。

（一）归并关系备案申请

在系统界面上方的功能菜单上，单击“归并关系”，进入“归并关系”菜单，再单击“备案申请”，进入“备案申请”界面，如图 5–24所示。

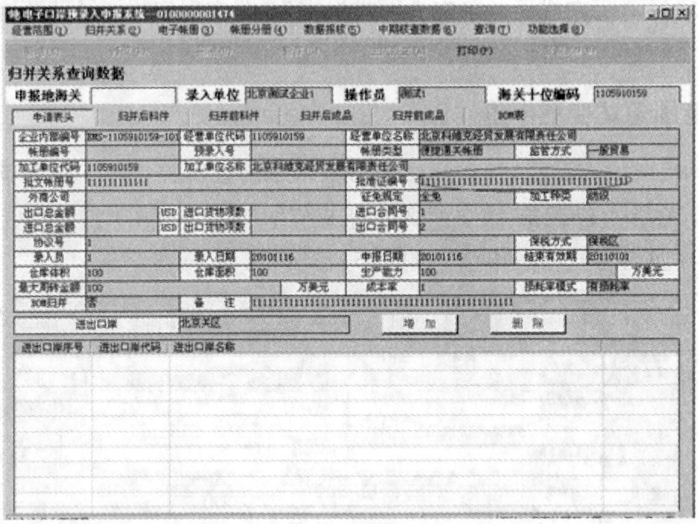

图 5–24　归并关系备案申请界面

归并关系录入界面包括申请表头、归并后料件、归并前料件、归并后成品、归并前成品、BOM 表等六个表。申请表头录入企业的基本信息后，企业一般先录入归并后料件，再录入归并前料件，归并后成品和归并前成品的录入次序同料件。BOM 表中的数据描述了最初料件——半成品和成品的消耗关系。

操作员需先录入申请表头的内容，申请表头没录完时，不能进入其他表进行录入。

1. 申请表头

申请表头中：“企业内部编号”“经营单位代码”“加工单位代码”“批文账册号”“批准证编号”“外商公司”“进口合同号”“出口合同号”“协议号”“录入员”“结束有效期”“仓库体积”“仓库面积”“生产能力”“最大周转金额”“成本率”“备注”，当鼠标光标停留在各项时，界面底部有系统提示。“经营单位名称”在输入“经营单位代码”后由系统自动调出。“加工单位名称”在输入“加工单位代码”后由系统自动调出。“账册类型”“录入日期”“申报日期”由系统自动生成 。“监管方式”“征免规定”“加工种类”“保税方式”“损耗率模式”“进出口岸”敲空格键即可调出相应代码，选中代码即可显示相关内容。其他底色为灰色的项目不可填。如表 5–15 所示。

表 5–15　归并关系申请表头部分各字段的填写规范

归并关系申请表头部分各字段的填写规范		
字段名称	是否必填	其　他　说　明
申报地海关	必填	4 位数字，根据《关区代码表》填写。敲空格键即可调出相应代码，选中代码即显示相关内容
录入单位	不可填	系统根据 IC 卡或 IKEY 自动生成
操作员	不可填	系统根据 IC 卡或 IKEY 自动生成
企业内部编号	必填	最多 20 位字符，企业录入
经营单位代码	必填	为经营单位在海关注册的 10 位编码
经营单位名称	必填	输入经营单位代码后系统自动调出
账册编号	非必填	首次备案时不填，变更时填写海关审批后给出的账册编号，12 位字符
预录入号	不可填	
账册类型	不可填	默认为便捷通关账册
监管方式	非必填	敲空格键即可调出相应代码，选中代码即显示相关内容
加工单位代码	必填	为加工单位在海关注册的 10 位编码
加工单位名称	必填	输入加工单位代码后系统自动调出
批文账册号	必填	为海关审批后给出的经验范围“批文账册号”，12 位字符
批准证编号	必填	为外经贸部门审批后给出的批准证编号，40 位字符
外商公司	非必填	由系统自动调出，8 位数字，顺序为年 4 位，月、日各 2 位
征免规定	必填	敲空格键即可调出相应代码，选中代码即可显示相关内容。也可通过“工具”菜单中的“系统设置”子菜单对“默认征免规定”事先进行设置，各表中的“征免规定”或“征免方式”即默认为事先设置的征免规定
加工种类	必填	敲空格键即可调出相应代码，选中代码即可显示相关内容
出口总金额	不可填	
进口货物项数	不可填	
进口合同号	非必填	
进口总金额	不可填	
出口合同号	非必填	
协议号	非必填	
保税方式	非必填	敲空格键即可调出相应代码，选中代码即可显示相关内容
录入员	非必填	
录入日期	非必填	8 位数，顺序为年 4 位，月、日各 2 位
申报日期	非必填	8 位数，顺序为年 4 位，月、日各 2 位
结束有效期	非必填	8 位数，顺序为年 4 位，月、日各 2 位
仓库体积	非必填	
仓库面积	非必填	
生产能力	非必填	最多 18 位数，整数 13 位，小数 5 位

续表

字段名称	是否必填	其 他 说 明
最大周转金额	非必填	最多 18 位数，整数 13 位，小数 5 位
成本率	非必填	最多 18 位数，整数 13 位，小数 5 位
BOM 归并	非必填	敲空格键即可调出相应代码，选中代码即可显示相关内容
损耗率模式	非必填	敲空格键即可调出相应代码，选中代码即可显示相关内容
备注	非必填	最多 50 位字符，可填写表格内项目未尽事宜

2. 归并后料件

申请表头填写完成，单击“暂存”，出现“保存成功”界面。单击“确定”后，自动进入归并后料件界面，如图 5–25 所示。

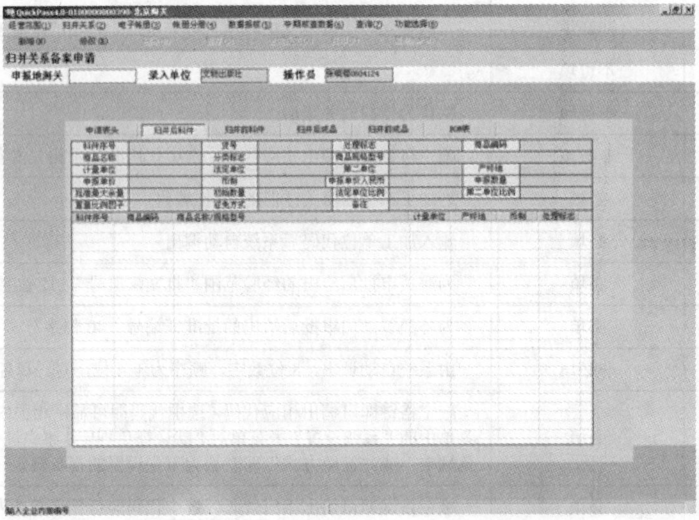

图 5–25 归并关系备案归并后料件界面

归并后料件中：“料件序号”“处理标志”由系统自动生成。输入“货号”“商品编码”“商品规格型号”“申报单价”“申报单价人民币”“申报数量”“批准最大余量”“初始数量”“第二单位比例”“重量比例因子”“备注”。“商品名称”“计量单位”“法定单位”“法定单位比例”在输入“商品编码”后由系统自动调出。也可先输入“商品名称”，调出相应的“商品编码”“计量单位”“法定单位”“法定单位比例”。“第二单位”不可填。“产终地”“币制”“征免方式”各项敲空格键即可调出相应代码，选中代码即可显示相关内容。如表 5–16 所示。

表 5–16 归并关系备案归并后料件各字段的填写规范

归并关系备案归并后料件各字段的填写规范		
字段名称	是否必填	其 他 说 明
料件序号	必填	由系统自动生成，最多 9 位数字（一般 4 位数字即可）
货号	非必填	最多 30 位字符
处理标志	必填	由系统自动生成

续表

字段名称	是否必填	其 他 说 明
商品编码	必填	10 位数字（8 位商品编码+2 位附加编号），根据《商品分类表》（COMOLEX）、《商品归类表》（CLASSIFY）填写。录入商品编码前 4 位即可调出相应信息进行选择
商品名称	必填	输入商品编码后由系统自动调出
商品规格型号	非必填	最多 30 位字符
计量单位	必填	由系统自动调出
法定单位	必填	由系统自动调出
第二单位	不可填	
产终地	非必填	敲空格键即可调出相应代码，选中代码即可显示相关内容
申报单价	非必填	最多 18 位数，整数 13 位，小数 5 位
币制	必填	敲空格键即可调出相应代码，选中代码即可显示相关内容
申报单价人民币	非必填	
申报数量	非必填	最多 18 位数，整数 13 位，小数 5 位
批准最大余量	非必填	最多 18 位数，整数 13 位，小数 5 位
初始数量	非必填	最多 18 位数，整数 13 位，小数 5 位
法定单位比例	必填	由系统自动生成
第二单位比例	非必填	
重量比例因子	非必填	
征免方式	必填	敲空格键即可调出相应代码，选中代码即可显示相关内容。也可通过“工具”菜单中的“系统设置”子菜单对“默认征免规定”事先进行设置，各表中的“征免规定”或“征免方式”即默认为事先设置的征免规定
备注	非必填	最多 50 位字符，可填写表格内项目未尽事宜

归并后料件填写完成后，可单击“暂存”，也可直接回车，数据都保存成功。

3. 归并前料件

归并后料件填写完成并保存后，按下 Ctrl 和 End 键或直接单击“归并前料件”，都可进入“归并前料件”界面，如图 5–26所示。

归并前料件又分为归并前和归并后两部分内容。归并前部分中：“处理标志”由系统自动生成。在“归并后序号”中输入归并后料件表中的“料件序号”之后，归并后料件表中已录入的内容将被调出，且自动填入归并前部分中的相应项目中。但不是调出所有录入数据，“申报单价”“申报数量”等不调出，由操作员自己录入。操作员也可以修改调出的数据。“货号”“归并后序号”“商品编码”“中文规格型号”“英文品名”“英文规格型号”“企业自编计量单位”“申报单价”“申报单价人民币”“申报数量”“最大余量”“初始数量”“企业自编单位比例”“第二单位比例”“重量比例因子”“备注”“归类说明”各项，当鼠标光标停留在各项时，界面底部有系统提示。“中文品名”“计量单位”“法定单位”“法定单位比例”在输入“商品编码”后由系统自动调出。也可先输入“中文品名”，调出相应的“商品编码”“计量单位”“法定单位”“法定单位比例”。“第二单位”不可填。“产终地”“币制”“征免方式”敲空格键即可调出相应代码，选中代码即可显示相关内容。

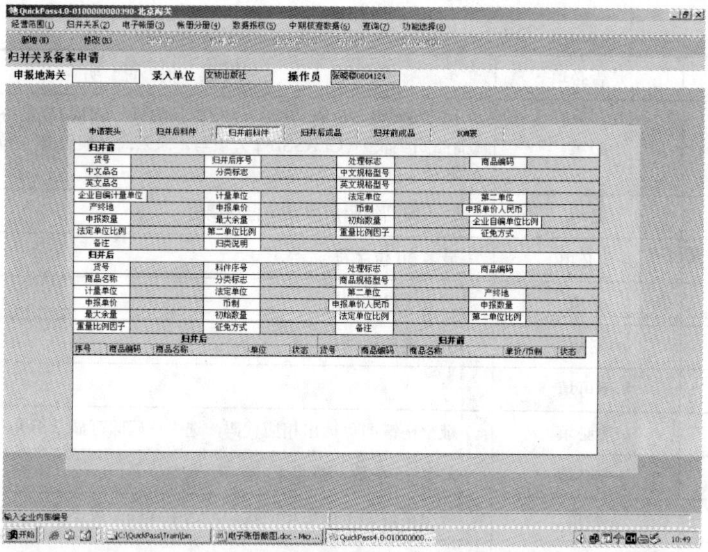

图 5-26 归并关系备案归并前料件界面

归并前部分中，在“归并后序号”后输入归并后料件表中的“料件序号”之后，归并后部分中的各项目由系统自动调出。如表 5-17 所示。

表 5-17 归并前料件的归并前部分各字段的填写规范

归并前料件的归并前部分各字段的填写规范		
字段名称	是否必填	其 他 说 明
货号	非必填	最多 30 位字符
归并后序号	必填	最多 9 位数（一般 4 位数即可），输入归并后料件序号，半成品输入 0。该序号即为归并后料件表中的“料件序号”
处理标志	必填	由系统自动生成
商品编码	必填	10 位数字（8 位商品编码+2 位附加编号），根据《商品分类表》（COMOLEX）、《商品归类表》（CLASSIFY）填写。录入商品编码前 4 位即可调出相应信息进行选择
中文品名	必填	输入商品编码后由系统自动调出
中文规格型号	非必填	最多 30 位字符
英文品名	非必填	最多 50 位字符
英文规格型号	非必填	最多 30 位字符
企业自编计量单位	非必填	最多 16 位字符，只有企业使用自己的 ERP 系统导入数据时，才填写此项
计量单位	必填	由系统自动调出
法定单位	必填	由系统自动调出
第二单位	不可填	
产终地	非必填	敲空格键即可调出相应代码，选中代码即可显示相关内容
申报单价	非必填	最多 18 位数，整数 13 位，小数 5 位
币制	必填	敲空格键即可调出相应代码，选中代码即可显示相关内容

续表

字段名称	是否必填	其他说明
申报单价人民币	非必填	
申报数量	非必填	最多 18 位数，整数 13 位，小数 5 位
最大余量	非必填	最多 18 位数，整数 13 位，小数 5 位
初始数量	非必填	最多 18 位数，整数 13 位，小数 5 位
企业自编单位比例	非必填	最多 19 位数，整数 12 位，小数 7 位。只有企业使用自己的 ERP 系统导入数据时，才填写此项
法定单位比例	非必填	由系统自动生成
第二单位比例	非必填	
重量比例因子	非必填	
征免方式	必填	敲空格键即可调出相应代码，选中代码即可显示相关内容。也可通过“工具”菜单中的“系统设置”子菜单对“默认征免规定”事先进行设置，各表中的“征免规定”或“征免方式”即默认为事先设置的征免规定
备注	非必填	最多 50 位字符，可填写表格内项目未尽事宜
归类说明	非必填	最多 2 000 位字符，说明企业的归类依据等

归并前料件填写完成后，可单击“暂存”，也可直接回车，数据都保存成功。

4. 归并后成品

归并前料件信息保存成功后，按下 Ctrl+End 键或直接单击“归并后成品”，都可进入“归并后成品”界面，如图 5–27所示。

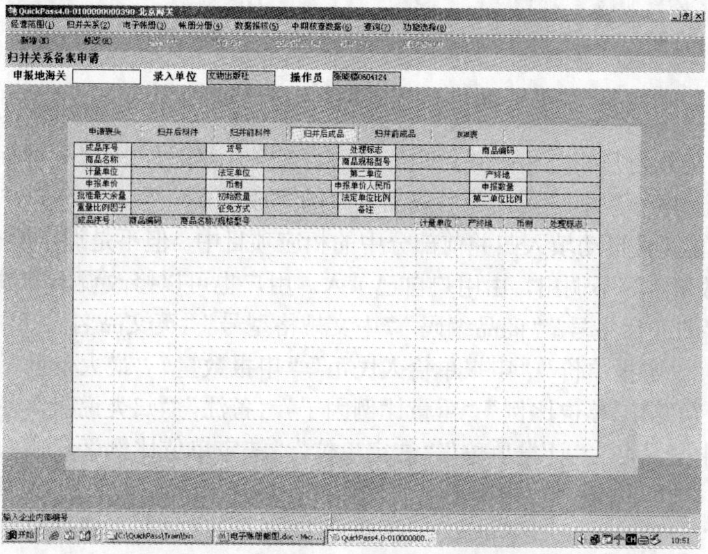

图 5–27　归并关系备案归并后成品界面

归并后成品中：“成品序号”“处理标志”由系统自动生成。当鼠标光标停留在“货号”“商品编码”“商品规格型号”“申报单价”“申报单价人民币”“申报数量”“批准最大余量”“初始数量”“第二单位比例”“重量比例因子”“备注”各项时，界面底部有系统提示。“商品名称”“计量单位”“法定单位”“法定单位比例”在输入“商品编码”后由系统自动调出。也可先输入“商品名称”，调出相应的“商品编码”“计量单位”“法定单位”“法定单位比例”。“第二单位”不可填。“产终地”“币制”“征免方式”敲空格键即可调出相应代码，选中代码即可显示相关内容。

归并后成品各字段的填写规范同归并后料件中各字段的填写规范相同。

归并后成品填写完成后，可单击“暂存”，也可直接回车，数据都保存成功。

5. 归并前成品

归并后成品信息保存成功后，按下 Ctrl+End 键或直接单击“归并前成品”，都可进入“归并前成品”界面，如图 5–28所示。

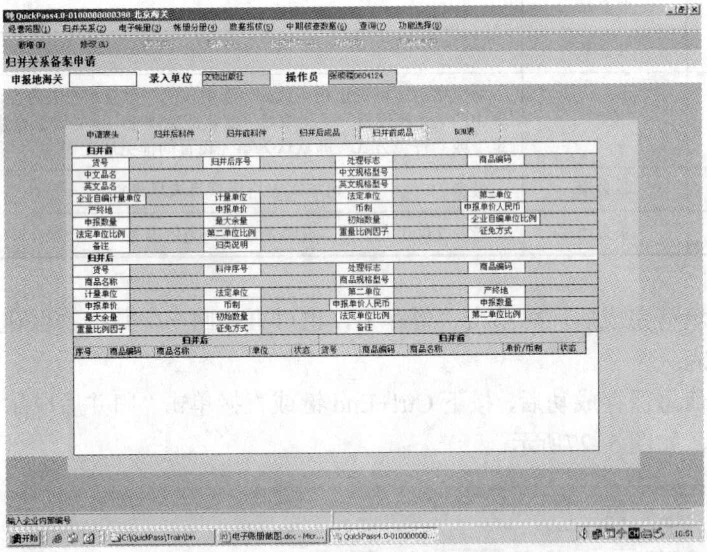

图 5–28　归并关系备案归并前成品界面

归并前成品又分为归并前和归并后两部分内容。归并前部分中：“处理标志”由系统自动生成。在“归并后序号”中输入归并后成品表中的“成品序号”之后，归并后成品表中已录入的内容将被调出，且自动填入归并前部分中的相应项目中。但不是调出所有录入数据，“申报单价”“申报数量”等不调出，由用户自己录入。用户也可以修改调出的数据。当鼠标光标停留在“货号”“归并后序号”“商品编码”“中文规格型号”“英文品名”“英文规格型号”“企业自编计量单位”“申报单价”“申报单价人民币”“申报数量”“最大余量”“初始数量”“企业自编单位比例”“第二单位比例”“重量比例因子”“备注”“归类说明”各项时，界面底部有系统提示。“中文品名”“计量单位”“法定单位”“法定单位比例”在输入“商品编码”后由系统自动调出。也可先输入“中文品名”，调出相应的“商品编码”“计量单位”“法定单位”“法定单位比例”。“第二单位”不可填。“产终地”“币制”“征免方式”可直接输入代码调出相应内容，或敲空格键调出相应代码，选中代码即可显示相关内容。

归并前部分中，在“归并后序号”后输入归并后成品表中的“成品序号”之后，归并后部分中的各项目由系统自动调出。

归并前成品各字段的填写规范与归并前料件中各字段的填写规范相同。

归并前成品填写完成后，可单击“暂存”，也可直接回车，数据都保存成功。

6. BOM 表

归并前成品信息保存成功后，按下 Ctrl+End 键或直接单击“BOM 表”，都可进入“BOM 表”界面，如图 5–29所示。

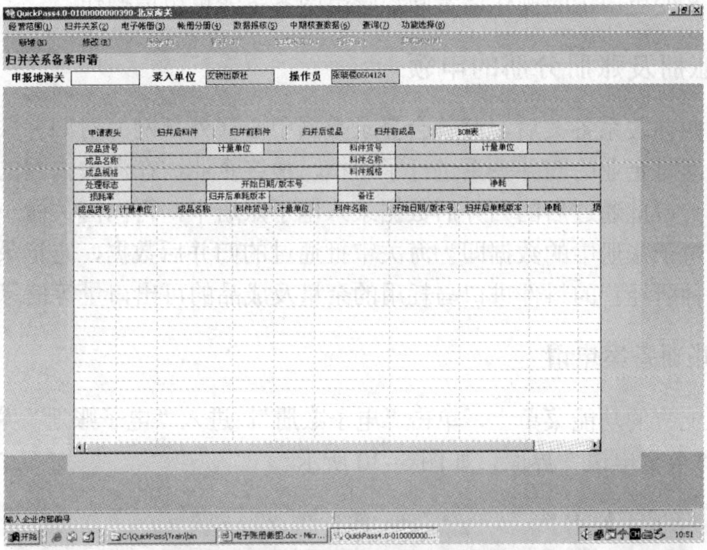

图 5–29　归并关系备案 BOM 表界面

BOM 表中：输入“成品货号”“料件货号”，即可调出相应数据。“开始日期”由系统自动调出。输入“结束日期”“净耗”“损耗率”“备注”。如表 5–18 所示。

表 5–18　归并关系备案 BOM 表的各字段填写规范

归并关系备案 BOM 表的各字段填写规范		
字段名称	是否必填	其 他 说 明
成品货号	必填	最多 30 位字符，录入的货号须存在于归并前成品表中
料件货号	必填	最多 30 位字符，录入的货号须存在于归并前料件表中
计量单位	不可填	由系统自动调出
成品名称	不可填	由系统自动调出
料件名称	不可填	由系统自动调出
成品规格	不可填	由系统自动调出
料件规格	不可填	由系统自动调出
处理标志	不可填	由系统自动调出
开始日期	必填	由系统自动调出
净耗	必填	最多 18 位数，整数 13 位，小数 5 位
损耗率	必填	损耗率计算出来是百分数，填写时只填百分号前的数值，而不填百分号
备注	非必填	最多 50 位字符，可填写表格内项目未尽事宜

BOM表填写完成后，可单击“暂存”，也可直接回车，数据都保存成功。单击“生成报文”，即实现申报。归并关系备案申请全流程完成。

（二）归并关系备案变更申请

归并关系备案变更申请的操作请参阅经营范围备案变更申请操作。

三、电子账册及账册分册的申领

企业进行了归并关系备案后，海关会登录数据中心（外部网）对归并关系进行审核。但这只是海关在外网对企业的归并关系进行了审核，最终企业需在海关内网的数据库中备案，所以企业需将海关审批通过后的归并后数据录入电子账册中，再向海关做一次备案申请，向海关进行申报。电子账册中的数据即为海关审批通过的归并后数据，它记录着企业进出口商品的底账，即每种所经营的料件进口与耗用的余量及成品的可出口量等信息。

（一）电子账册备案申请

在系统界面上方的功能菜单上，单击“电子账册”，进入“电子账册”菜单，再单击“备案申请”，进入“备案申请”界面，如图5-30所示。

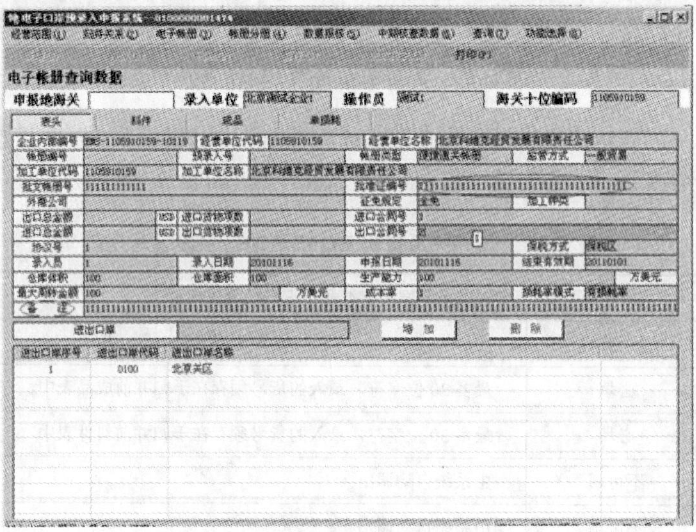

图5-30　电子账册备案申请界面

电子账册录入界面分为表头、料件、成品、单损耗四个表。操作员需先录入表头的内容，表头没录完时，不能进入其他表进行录入。

1. 表头

表头中：当鼠标光标停留在“企业内部编号”“经营单位代码”“加工单位代码”“批文账册号”“批准证编号”（必填项。为外经贸部门审批后给出的批准证编号，40位字符。）“外商公司”“进口合同号”“出口合同号”“协议号”“录入员”“结束有效期”“仓库体积”“仓库面积”“生产能力”“最大周转金额”“成本率”“备注”各项时，界面底部有系统提示。“经营单位名称”在输入“经营单位代码”后由系统自动调出。“加工单位名称”在输入“加工单位代码”后由系统自动调出。“录入日期”“申报日期”由系统自动生成。“账册类型”“监管方式”“征免规定”“加工种类”“保税方式”“损耗率模式”“进出口岸”可直接输入代码调出相应内容，或敲空格键调出相应代码，选中代码即可显示相关内容。其他底色为灰色的项目不可填。备注：非必填项。最多 255 位字符，可填写表格内项目未尽事宜。

表头的填写规范同归并关系备案申请表头。需注意的是，电子账册表头中的“企业内部编号”即为归并关系表头中的“企业内部编号”；电子账册表头中的“批文账册号”即为经营范围表头中的“批文账册号”；电子账册表头中的“账册编号”在海关审批通过后由系统自动返填，同时返填到归并关系表头的“账册编号”中。

2. 料件

表头填写完成，单击“暂存”，弹出“保存备案数据成功”的提示窗口。单击“确定”后，自动进入料件界面，如图 5–31 所示。

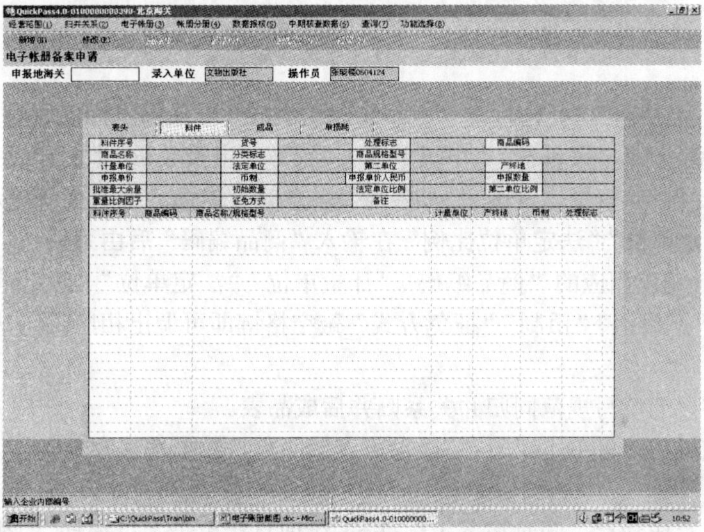

图 5–31　电子账册料件界面

料件中：“料件序号”“处理标志”由系统自动生成。当鼠标光标停留在“货号”“商品编码”“商品规格型号”“申报单价”“申报单价人民币”“申报数量”“批准最大余量”“初始数量”“第二单位比例”“重量比例因子”“备注”各项时，界面底部有系统提示。“商品名称”“计量单位”“法定单位”“法定单位比例”在输入“商品编码”后由系统自动调出。也可先输入“商品名称”，调出相应的“商品编码”“计量单位”“法定单位”“法定单位比例”。“第二单位”不可填。“产终地”“币制”“征免方式”敲空格键即可调出相应代码，选中代码即可显示相关内容。

料件中各字段的填写规范同归并关系归并后料件表。

料件填写完成后，可单击“暂存”，也可直接回车，数据都保存成功。

3. 成品

料件数据保存成功后，按下 Ctrl+End 键或直接单击“成品”，都可进入“成品”界面，如图 5–32 所示。

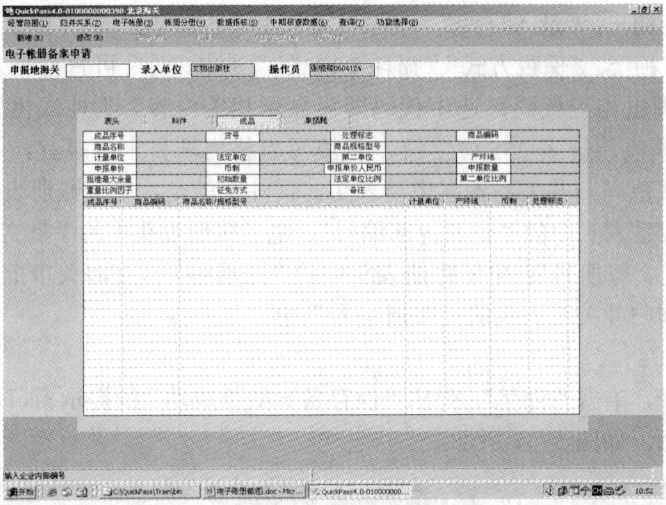

图 5–32　电子账册成品界面

成品中："成品序号""处理标志"由系统自动生成。当鼠标光标停留在"货号""商品编码""商品规格型号""申报单价""申报单价人民币""申报数量""批准最大余量""初始数量""第二单位比例""重量比例因子""备注"各项时，界面底部有系统提示。"商品名称""计量单位""法定单位""法定单位比例"在输入"商品编码"后由系统自动调出。也可先输入"商品名称"，调出相应的"商品编码""计量单位""法定单位""法定单位比例"。"第二单位"不可填。"产终地""币制""征免方式"敲空格键即可调出相应代码，选中代码即可显示相关内容。

成品中各字段的填写规范同归并关系归并后成品表。

成品填写完成后，可单击"暂存"，也可直接回车，数据都保存成功。

4. 单损耗

成品数据保存成功后，同时按下 Ctrl+End 键或直接单击"单损耗"，都可进入单损耗界面，如图 5–33 所示。

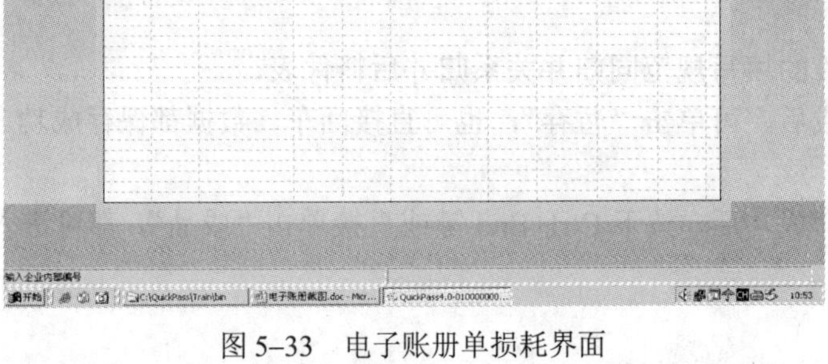

图 5–33　电子账册单损耗界面

单损耗中：输入“成品序号”“料件序号”，即可调出相应数据。输入“成品版本”“净耗”“损耗率”“备注”“处理标志”由系统自动调出。如表 5–19 所示。

表 5–19　电子账册单损耗的各字段填写规范

电子账册单损耗的各字段填写规范		
字段名称	是否必填	其 他 说 明
成品序号	必填	最多 9 位数（一般 4 位数即可），录入的序号须存在于成品表中
成品货号	不可填	由系统自动调出
料件序号	必填	最多 9 位数（一般 4 位数即可），录入的序号须存在于料件表中
料件货号	不可填	由系统自动调出
计量单位	不可填	指成品计量单位，由系统自动调出
料件名称	不可填	由系统自动调出
成品规格	不可填	由系统自动调出
料件规格	不可填	由系统自动调出
成品版本	必填	最多 9 位数
处理标志	不可填	由系统自动调出
净耗	必填	由系统自动根据 BOM 表里的数据计算得出。最多 18 位数，整数 9 位，小数 9 位
损耗率	必填	由系统自动根据 BOM 表里的数据计算得出。损耗率计算出来是百分数，填写时只填百分号前的数值，而不填百分号。最多 9 位数，整数 4 位，小数 5 位
备注	非必填	最多 50 位字符，可填写表格内项目未尽事宜

单损耗填写完成后，单击“暂存”或直接回车，数据都将保存成功。单击“生成报文”，即实现电子账册的申报。电子账册备案申请全流程完成。

（二）账册分册备案申请

进行跨关区异地加工报关和深加工结转报关的企业，需在电子账册备案的基础上，再进行账册分册的备案，以实现异地报关。

企业在主管海关备案电子账册，但在异地报关和深加工结转业务中，需要在其他的关区进出口或结转货物。这时，应从已备案的电子账册中选出需要在异地海关报关或结转的数据，组成一个（电子）账册分册，方便异地报关和海关的监管。所以账册分册与电子账册在数据的组成结构上基本是相同的，但分册数据是账册数据的一部分。

账册分册录入界面分为表头、表体（料件和成品）两部分。表头部分录入企业的基本信息和总册、分册基本信息；表体中料件部分录入料件的备案信息；表体中成品部分录入成品的备案信息。

1. 表头

在系统界面上方的功能菜单上，单击“账册分册”，进入账册分册菜单，再单击“备案申请”，进入备案申请界面，如图 5–34所示。

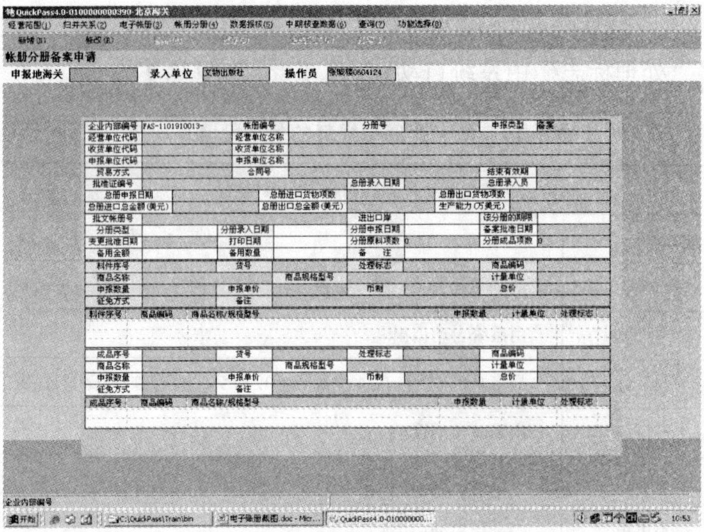

图 5–34 账册分册表头界面

表头部分中：当鼠标光标停留在“企业内部编号”“账册编号”“该分册的期限”“打印日期”“分册原料项数”“分册成品项数”“备用金额”“备用数量”“备注”各项时，界面底部有系统提示。“分册录入日期”“分册申报日期”由系统自动生成。“审批部门”“分册类型”敲空格键即可调出相应代码，选中代码即可显示相关内容。其他底色为灰色的项目不可填。如表 5–20 所示。

表 5–20 账册分册表头部分各字段的填写规范

账册分册表头部分各字段的填写规范		
字段名称	是否必填	其 他 说 明
申报地海关	必填	4 位数字，根据《关区代码表》填写。敲空格键即可调出相应代码，选中代码即显示相关内容
录入单位	不可填	系统根据 IC 卡或 IKEY 自动生成
操作员	不可填	系统根据 IC 卡或 IKEY 自动生成
企业内部编号	必填	最多 20 位字符，企业录入
账册编号	必填	12 位字符，账册编号须存在于已被审批通过的电子账册表中
分册号	不可填	首次备案时不可填，海关审批通过后由系统自动返填
申报类型	不可填	
经营单位代码	不可填	从电子账册底账表头调出
经营单位名称	不可填	从电子账册底账表头调出
收货单位代码	不可填	从电子账册底账表头调出
收货单位名称	不可填	从电子账册底账表头调出
申报单位代码	不可填	从电子账册底账表头调出

续表

字段名称	是否必填	其 他 说 明
申报单位名称	不可填	从电子账册底账表头调出
贸易方式	不可填	从电子账册底账表头调出
合同号	不可填	从电子账册底账表头调出
结束有效期	不可填	从电子账册底账表头调出
批准证编号	不可填	从电子账册底账表头调出
总册录入日期	不可填	从电子账册底账表头调出
总册录入员	不可填	从电子账册底账表头调出
总册申报日期	不可填	从电子账册底账表头调出
总册进口货物项数	不可填	从电子账册底账表头调出
总册出口货物项数	不可填	从电子账册底账表头调出
总册进口总金额（美元）	不可填	从电子账册底账表头调出
总册出口总金额（美元）	不可填	从电子账册底账表头调出
生产能力（万美元）	不可填	从电子账册底账表头调出
批文账册号	不可填	从电子账册底账表头调出，该批文账号即为经营范围中的批文账号
审批部门	必填	敲空格键即可调出相应代码，选中代码即可显示相关内容
该分册的期限	必填	8 位数，顺序为年 4 位，月、日各 2 位
分册类型	必填	敲空格键即可调出相应代码，选中代码即可显示相关内容
分册录入日期	非必填	由系统自动生成
分册申报日期	非必填	由系统自动生成
备案批准日期	不可填	
变更批准日期	不可填	
打印日期	非必填	
分册原料项数	不可填	由系统自动根据企业在料件部分录入的料件项数生成
分册成品项数	不可填	由系统自动根据企业在成品部分录入的料件项数生成
备用金额	非必填	
备用数量	非必填	
备注	非必填	最多 50 位字符，可填写表格内项目未尽事宜

2. 料件

输入完表头中的“备注”，按回车键即“暂存”，可继续进行料件部分的录入。

料件部分中：当鼠标光标停留在“料件序号”“申报数量”“备注”各项时，界面底部有系统提示。其他项目由系统自动调出。如表 5–21 所示。

表 5–21 账册分册料件的各字段填写规范

账册分册料件的各字段填写规范		
字段名称	是否必填	其他说明
料件序号	必填	最多 9 位数，录入的序号须存在于电子账册底账的料件表中
申报数量	必填	最多 18 位数，整数 13 位，小数 5 位
备注	非必填	最多 50 位字符，可填写表格内项目未尽事宜

3. 成品

输入完料件部分的所有项目后，用 Ctrl+End 键切换到成品部分。

成品部分中：当鼠标光标停留在“成品序号”“申报数量”“备注”各项时，界面底部有系统提示。其他项目由系统自动调出。如表 5–22 所示。

表 5–22 账册分册成品的各字段填写规范

账册分册成品的各字段填写规范		
字段名称	是否必填	其他说明
成品序号	必填	最多 9 位数，录入的序号须存在于电子账册底账的成品表中
申报数量	必填	最多 18 位数，整数 13 位，小数 5 位
备注	非必填	最多 50 位字符，可填写表格内项目未尽事宜

成品部分填写完成后，单击“暂存”或直接回车，数据都保存成功，单击“生成报文”，即实现申报。账册分册备案申请全流程完成。

四、报关申报

企业在电子账册或分册的备案完成后，如果实际发生了进出口行为，需要进行报关申报，则进入报关申报子系统。企业首先向数据中心进行大清单申报，数据中心按一定原则将企业申报的大清单生成报关单和与之一一对应的小清单，并向企业发出清单回执信息（包含报关单统一编号）。企业再通过查询功能查出归并拆分后的报关单信息，完成整份报关单的录入后，即可向海关进行报关申报。

（一）清单录入/申报

清单包括大清单和小清单。

大清单是拆分前的报关清单。大清单的关键字是：“电子账册企业内部编号”＋“经营单位代码”。货物进出口时，企业都需要填写大清单，记录进出口货物的详细情况，并向海关申报。

小清单是大清单拆分后的报关清单。小清单的关键字是：数据中心统一编号。该统一编号与对应的报关单统一编号相同。小清单与报关单是一一对应的，以反映报关单中每项归并后货物与归并前各项货物的对应情况。

在系统界面上方的功能菜单上，单击“清单”，即进入清单菜单。再单击“进口业务”，进入进口业务界面（以进口为例，出口业务参照进口操作即可），如图 5–35 所示。

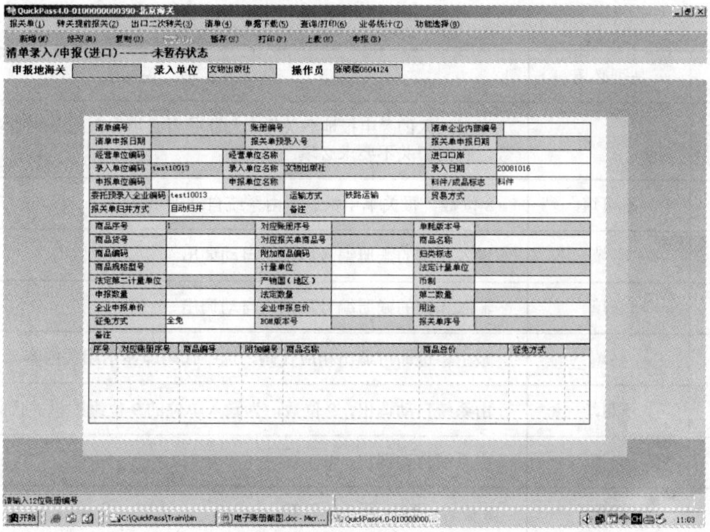

图 5–35　清单录入界面

清单录入界面分为表头、表体两部分。表头部分录入清单的基本信息；表体部分录入每一项商品的具体信息。操作员需依次录入表头、表体部分。表头部分没录完时，不能进入表体部分进行录入。

1. 表头

表头部分中：当鼠标光标停留在“账册编号”“清单企业内部编号”“报关单预录入号”“经营单位编码”“进口口岸”“录入单位编码”“申报单位编码”“备注”各项时，界面底部有系统提示。“经营单位名称”在输入“经营单位编码”后由系统自动调出。“录入单位名称”在输入“录入单位编码”后由系统自动调出。“录入日期”由系统自动调出。“申报单位名称”在输入“申报单位编码”后由系统自动调出。“料件/成品标志”由系统自动生成。“运输方式”“贸易方式”两项可敲空格键调出相应代码，选中代码即可显示相关内容。一份清单只能录入一种贸易方式。其他底色为灰色的项目不可填。如表 5–23 所示。

表 5–23　清单录入表头部分各字段的填写规范

清单录入表头部分各字段的填写规范		
字段名称	是否必填	其 他 说 明
申报地海关	必填	4 位数字，根据《关区代码表》填写。敲空格键即可调出相应代码，选中代码即显示相关内容
录入单位	不可填	系统根据 IKEY 卡自动生成
操作员	不可填	系统根据 IKEY 卡自动生成
清单编号	不可填	18 位字符，由系统自动返填
清单企业内部编号	必填	最多 20 位字符，企业录入
账册编号	必填	12 位字符，为电子账册系统中的电子账册编号
清单申报日期	不可填	8 位数，清单申报后，由系统自动返填

续表

字段名称	是否必填	其他说明
报关单预录入号		根据录入的“申报地海关”来判断是否必填，有的海关要求必填9位数或18位数，有的海关不要求必填
报关单申报日期	不可填	8位数，报关单申报后，由系统自动返填
经营单位编码	必填	输入正确的账册编号后系统自动调出
经营单位名称	必填	输入正确的账册编号后系统自动调出
进口口岸	必填	敲空格键即可调出相应代码，选中代码即显示相关内容
录入单位编码	不可填	由系统自动调出，9位数，为录入单位的9位组织机关代码
录入单位名称	必填	由系统自动调出
录入日期	必填	8位数，默认为系统日期
申报单位编码	必填	10位数，为申报单位在海关注册的10位编码
申报单位名称	必填	输入申报打完编码后系统自动调出
料件/成品标志	必填	进口默认为“料件”，出口默认为“成品”，可编辑修改
运输方式	必填	敲空格键即可调出相应代码，选中代码即显示相关内容
贸易方式	必填	敲空格键即可调出相应代码，选中代码即显示相关内容
备注	非必填	最多50位字符，可填写表格内项目未尽事宜

2. 表体

表体部分中：当鼠标光标停留在“对应账册序号”“成品版本号”“商品货号”“对应报关单商品号”“附加商品编码”“归类标志”“商品名称”“商品规格型号”“申报数量”“法定数量”“第二数量”“企业申报单价”“企业申报总价”“备注”各项时，界面底部有系统提示。“商品序号”由系统自动生成。“商品编码”“计量单位”“法定计量单位”“法定第二计量单位”在输入“商品名称”后由系统自动调出。也可先输入“商品编码”，调出相应的“商品名称”“计量单位”“法定计量单位”“法定第二计量单位”。“产销国（地区）”“币制”“用途”“征免方式”各项可敲空格键调出相应代码，选中代码即可显示相关内容。如表5–24所示。

表5–24 清单录入表体部分各字段的填写规范

清单录入表体部分各字段的填写规范		
字段名称	是否必填	其他说明
商品序号	必填	由系统自动生成
对应账册序号	不可填	最多30位字符，对应商品在电子账册表体中的序号
单耗版本号		在料件清单（一般为进口清单）中不可填；在成品清单（一般为出口清单）中为必填项，最多9位数字
商品货号	必填	最多30位字符，应与归并前数据中的货号一致

续表

字段名称	是否必填	其　他　说　明
对应报关单商品号	不可填	最多9位数，对应报关单表体中的商品序号
商品名称	必填	输入正确的商品货号后由系统自动调出，可修改
商品编码	必填	输入正确的商品货号后由系统自动调出，可修改
附加商品编码	必填	输入正确的商品货号后由系统自动调出，可修改
归类标志	不可填	
商品规格型号	非必填	
计量单位	必填	输入正确的商品货号后由系统自动调出，可修改
法定计量单位	必填	输入正确的商品货号后由系统自动调出，不可直接修改
法定第二计量单位	非必填	输入正确的商品货号后由系统自动调出，不可直接修改
产销国（地区）	必填	敲空格键即可调出相应代码，选中代码即显示相关内容
币制	必填	敲空格键即可调出相应代码，选中代码即显示相关内容
申报数量	必填	最多18位数，整数13位，小数5位
法定数量	必填	最多18位数，整数13位，小数5位
第二数量	非必填	
企业申报单价	必填	最多18位数，整数13位，小数5位
企业申报总价	必填	最多18位数，整数13位，小数5位
用途	必填	敲空格键即可调出相应代码，选中代码即显示相关内容
征免方式	必填	敲空格键即可调出相应代码，选中代码即显示相关内容
备注	非必填	最多50位字符，可填写表格内项目未尽事宜

输入完各项目后，单击“暂存”，数据即保存成功。单击“上载”，数据即上载到数据中心。单击“申报”，即实现向海关申报。清单录入/申报全流程完成。

（二）报关单申报

数据中心按归并关系和其他合并条件（如“备案序号”“商品编码”“成品版本号”“币制”“征免规定”“产终地”“计量单位”都一致的可合并），将企业申报的大清单生成报关单，并向企业发出清单回执信息（包含统一编号）。企业通过查询/打印菜单中的清单查询/打印子菜单，查到数据中心给出的统一编号后，即可调出大清单生成的报关单信息。企业继续填写完报关单中的剩余各项后，即可生成完整的报关单，向海关进行申报。

在系统界面上方的功能菜单上，单击“查询/打印”，则进入“查询/打印”菜单，再单击“清单查询/打印”，进入“清单查询/打印”界面，如图5–36所示。

首先在“查询类型”中选择查询大清单（报关清单）；然后在“申报地海关”“上载日期”“申报日期”“账册编号”“清单编号”中的任一项或几项中设定查询条件。单击开始查询，即得到所有符合查询条件的数据资料的列表。如图5–37所示。

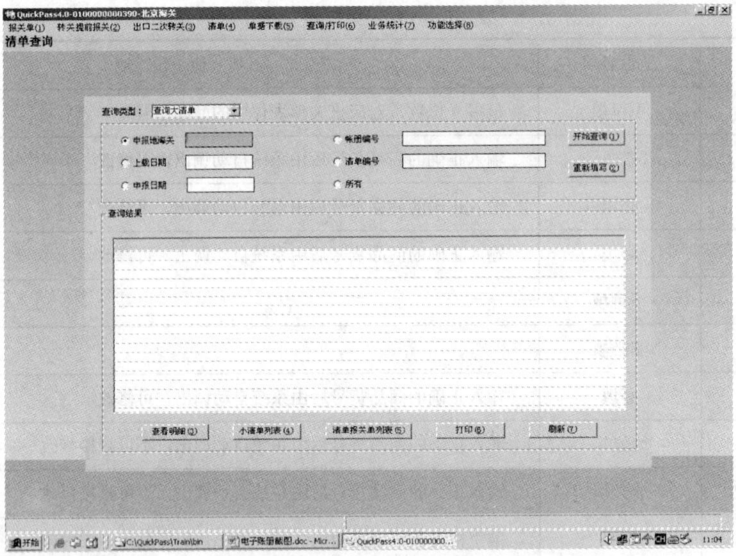

图 5–36　清单查询界面

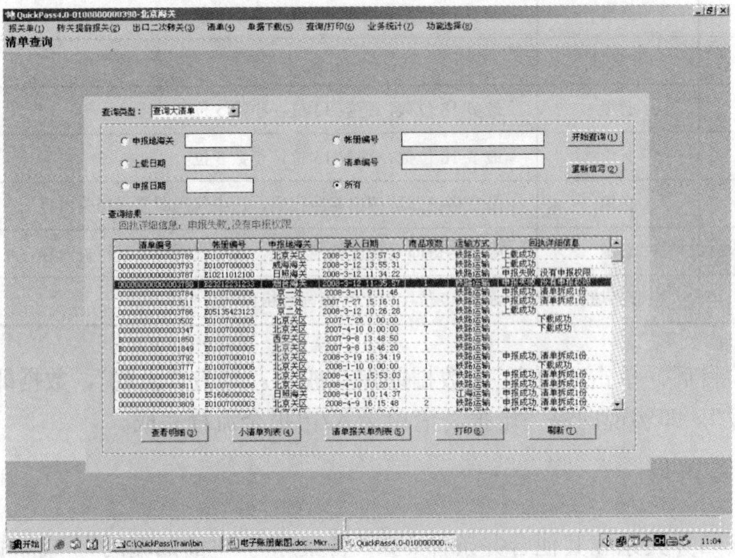

图 5–37　大清单查询界面

在查询结果列表中选中需进一步查询的内容，单击查看明细，即可看到该清单的明细信息，如图 5–38所示。

若报关清单（大清单）已生成报关单，图 5–37 中的“回执详细信息”中将显示数据中心给出的统一编号。这时，单击小清单列表或清单报关单列表，即可看到相应的内容。

此时若想进行报关操作，则单击清单报关单列表，即显示该大清单生成的报关单列表界面，如图 5–39 所示。

操作员依据报关单的填写规范录入完剩余各项后，单击“申报”，即实现向海关进行报关单申报。

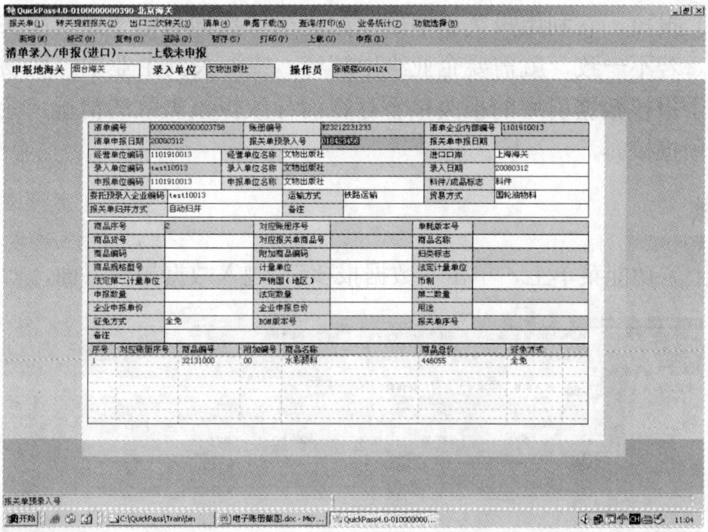

图 5–38　大清单查询明细界面

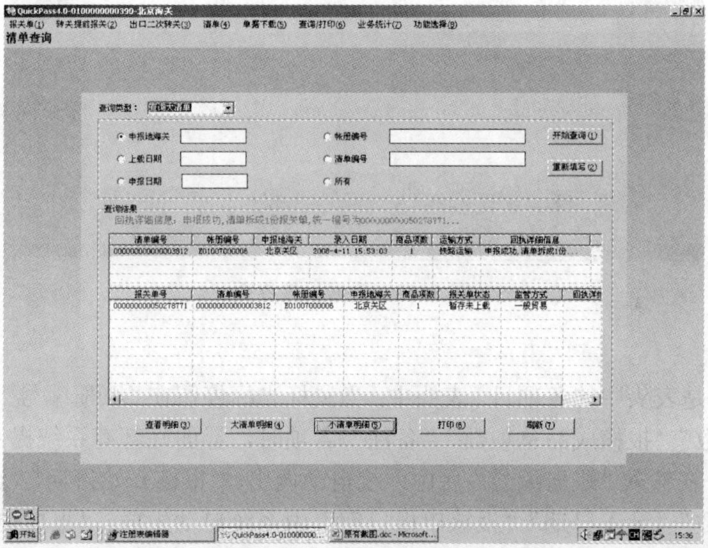

图 5–39　大清单生成的报关单列表界面

异地报关时，企业在本地录入报关清单并上载到电子口岸数据中心后，通知其异地报关行。若其异地报关行也使用电子口岸系统，则可通过单据下载菜单中的清单下载子菜单下载该报关清单（下载条件可设定为“清单编号”“经营单位编码”“电子账册编号”“清单企业内部编号”“清单录入日期”中的任一项或几项），再向当地海关（异地海关）申报，电子口岸数据中心将报关清单生成报关单后，异地报关行即可进一步完成报关单的申报。

五、数据报核

企业报完关后，应回到电子账册子系统，进行报核备案申请。

数据报核实际只是一个数据核对的过程。与加工贸易手册核销不同的是，电子账册系统在报核时不需要所有的料件都已生产成成品并出口，而是采用“滚动核销”的方式，即分时段（一般是半年）报核。它利用报关单中的原始进出口数据与电子账册中实际的料件和成品的余量进行比对。若不一致，就需要企业给出解释，或海关到企业生产现场核查。

为了减少由于报核数据引用的报关单不存在而导致报核失败的情况，企业一般在正式报核之前需要进行预报核。

（一）预报核

在系统界面上方功能菜单上，单击“数据报核”，进入数据报核界面，如图 5–40 所示。

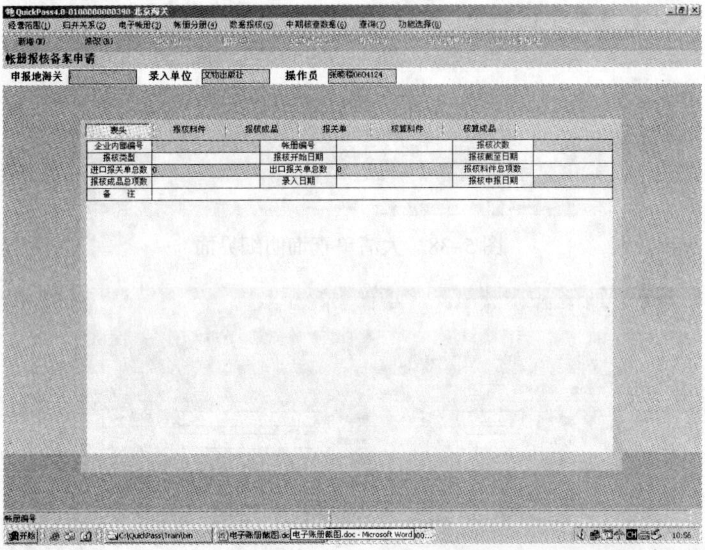

图 5–40 数据报核界面

1. 表头

首先进入的是表头中的各项目。表头中：当鼠标光标停留在“账册编号”“报核截止日期”“报核料件总项数”“报核成品总项数”“备注”各项时，界面底部有系统提示。“企业内部编号”“报核次数”在输入“账册编号”后由系统自动调出。“报核开始日期”“进口报关单总数”“出口报关单总数”“录入日期”“报核申报日期”由系统自动生成。“报核类型”输入代码直接调出，或敲空格键即可调出相应代码，选中代码即可显示相关内容。如表 5–25 所示。

表 5–25 数据报核备案申请表头部分各字段的填写规范

数据报核备案申请–表头部分各字段的填写规范		
字段名称	是否必填	其 他 说 明
申报地海关	必填	系统根据 IKey 卡默认，但可以修改。4 位数字，根据《关区代码表》填写。敲空格键即可调出相应代码，选中代码即显示相关内容
录入单位	不可填	系统根据 IKey 卡自动生成
操作员	不可填	系统根据 IKey 卡自动生成
企业内部编号	不可填	输入账册编号后由系统自动调出。该“企业内部编号”与电子账册中的“企业内部编号”一致
账册编号	必填	该账册编号即为电子账册中的账册编号
报核次数	不可填	系统自动生成

续表

字段名称	是否必填	其　他　说　明
报核类型	非必填	敲空格键即可调出相应代码，选中代码即显示相关内容
报核开始日期	必填	由系统自动调出。首次报核为电子账册海关审批通过的日期；以后报核为上次核销结束日的次日
报核截止日期	必填	为本次报核开始日期+核销周期。8 位数字，顺序为年 4 位，月、日各 2 位
进口报关单总数	不可填	由系统自动调出。指本次报核截止日前所有已报关未核销的进口报关单份数
出口报关单总数	不可填	由系统自动调出。指本次报核截止日前所有已报关未核销的出口报关单份数
报核料件总项数	必填	最多 9 位数
报核成品总项数	必填	最多 9 位数
录入日期	必填	由系统自动调出
报核申报日期	不可填	由系统自动生成
备注	非必填	最多 50 位字符，可填写表格内项目未尽事宜

表头填写完成后，单击“暂存”或直接回车，数据都保存成功。

2. 报关单

表头中的“报核类型”填的是“预报核”，则直接进入报关单界面，因为预报核时，报核料件和报核成品都不用填，如图 5–41所示。

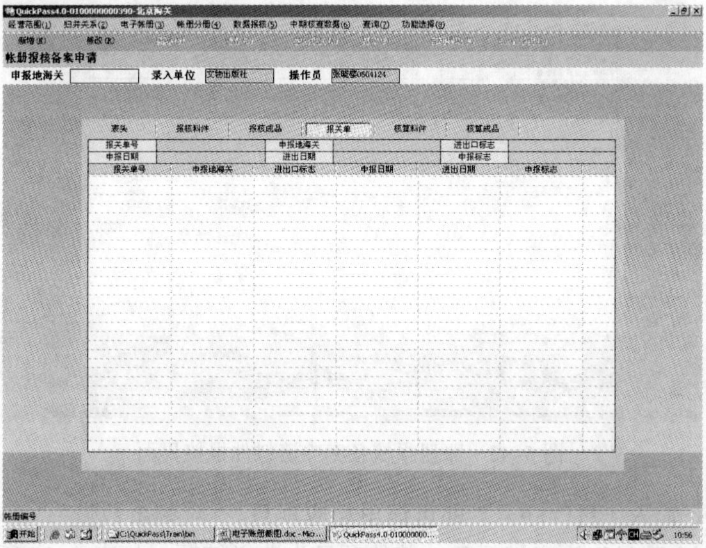

图 5–41　预报核报关单界面

报关单中：当鼠标光标停留在“报关单号”“申报日期”“进出日期”各项时，界面底部有系统提示。“申报地海关”“申报方式”敲空格键即可调出相应代码，选中代码即可显示相关内容。“进出口标志”在输入“报关单号”后由系统自动调出。也可单击“自动提取”按钮，可自动从服务器上提取出该报核时间段内的报关单数据，并填写进报关单表体中。

报关单填写完成后，可单击“暂存”，也可直接回车，数据都保存成功，单击“生成报文”，即实现预报核。

（二）正式报核

数据报核录入界面包括表头、报核料件、报核成品、报关单、核算料件、核算成品六个表。

表头录入企业报核的基本信息。报核料件和报核成品是企业定期将料件和成品的消耗、剩余情况等向海关报核。正式报核时应填报这两个表和表头；报关单是企业在报关后，将报关单的基本信息向海关申报。核算料件和核算成品这两个表的一条记录对应了一项料件或成品在一种核扣方式下的累计数量、金额等信息。这两个表的内容一般情况下不需要申报，只有在海关要求对部分料件或成品进行详细核对时，企业才需填报该部分料件和成品的相应内容。

1. 表头

操作员需先录入表头的内容，表头没录完时，不能进入其他表进行录入。该表头的信息已在预报核操作中有所说明，不再赘述。

2. 报核料件

企业进行正式报核时，填完表头后，进入报核料件界面，如图 5–42 所示。

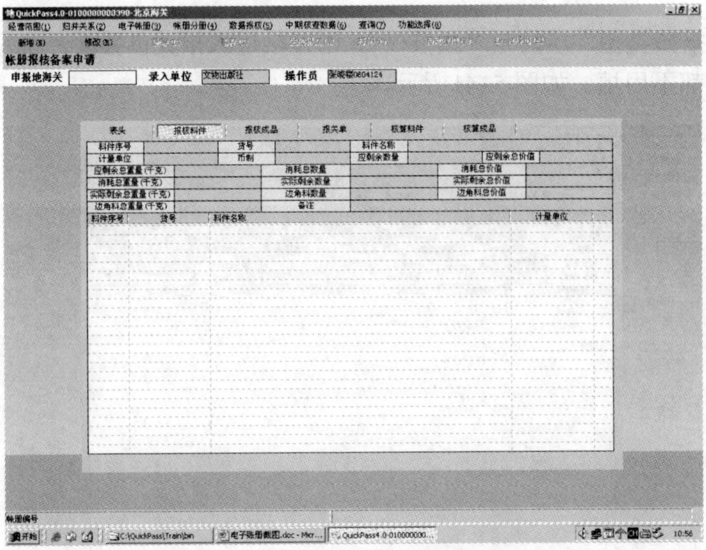

图 5–42 账册报核备案申请料件报核界面

正式报核时，输入"料件序号"即可调出相应项目。"应剩余数量""消耗总数量""边角料数量""实际剩余数量"为必填项目。其他项目为非必填项。如表 5–26 所示。

表 5–26 数据报核备案申请报核料件部分各字段的填写规范

数据报核备案申请报核料件部分各字段的填写规范		
字段名称	是否必填	其他说明
料件序号	必填	最多 9 位数，录入的序号须存在于电子账册的料件表中
货号	不可填	从电子账册底账料件表调出
料件名称	不可填	从电子账册底账料件表调出

续表

字段名称	是否必填	其 他 说 明
计量单位	不可填	从电子账册底账料件表调出
币制	不可填	从电子账册底账料件表调出
应剩余数量	必填	根据企业向海关报备的单耗核算的余量。最多 18 位数，整数 13 位，小数 5 位
应剩余总重量（千克）	非必填	应剩余数量按重量比例因子折后的重量。最多 18 位数，整数 13 位，小数 5 位
消耗总数量	必填	该项料件加工出口、内销的实际消耗数量，等于海关底账的核减数量。最多 18 位数，整数 13 位，小数 5 位
消耗总价值	非必填	消耗总数量×本期该项料件的加权平均单价。最多 18 位数字，整数 13 位，小数 5 位
实际剩余数量	必填	该项料件盘存的实际数量（包括半成品、成品折回料件的数量）。最多 18 位数字，整数 13 位，小数 5 位
实际剩余总价值	非必填	实际剩余数量的价值。最多 18 位数字，整数 13 位，小数 5 位
实际剩余总重量（千克）	非必填	实际剩余数量按重量比例因子折后的重量。最多 18 位数，整数 13 位，小数 5 位
边角料数量	必填	根据实际情况填写，最多 18 位数，整数 13 位，小数 5 位
边角料总价值	非必填	根据实际情况填写，最多 18 位数，整数 13 位，小数 5 位
边角料总重量（千克）	非必填	根据实际情况填写，最多 18 位数，整数 13 位，小数 5 位
备注	非必填	最多 50 位字符，可填写表格内项目未尽事宜

报核料件填写完成后，可单击“暂存”，也可直接回车，数据都保存成功。

3. 报核成品

报核料件数据保存成功后，按下 Ctrl+End 键或直接单击“报核成品”，都可进入报核成品界面，如图 5–43 所示。

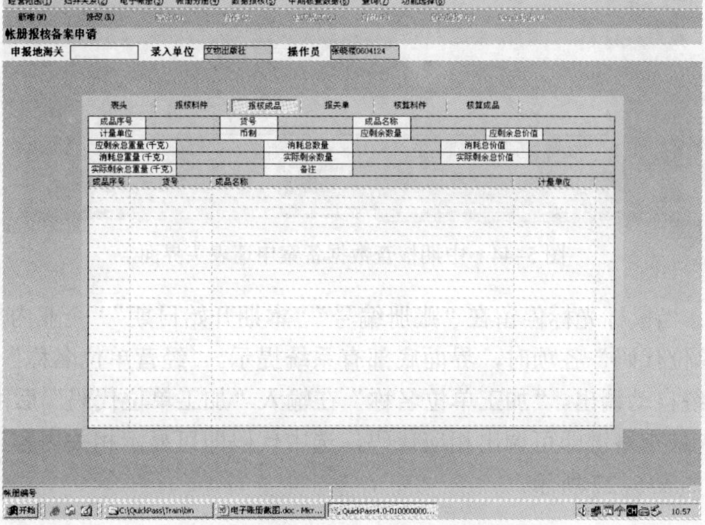

图 5–43　账册报核备案申请报核成品界面

正式报核时，输入“成品序号”即可调出相应项目。“应剩余数量”“消耗总数量”“实际剩余数量”为必填项目。其他项目为非必填项。

核算成品中各字段的填写规范同核算料件中各字段的填写规范。

核算成品填写完成后，可单击“暂存”，也可直接回车，数据都保存成功。最后单击“生成报文”，即实现正式报核。

六、中期核查数据

中期核查是为了实现海关对企业生产活动的全程监管，企业被要求经常性地申报料件或成品的当前状态、库存量等数据；海关利用报关清单及 BOM 表数据核对企业申报数据的合理性，对有疑点的数据可以到企业现场核查。这种监管方式称为中期核查。中期核查中企业申报的数据称为中期核查数据。

中期核查数据录入界面分为表头、表体（料件和成品）两部分。表头部分录入企业的基本信息；表体中料件部分录入当时每一项料件的状态、数量等信息；表体中成品部分录入当时每一项成品的状态、数量等信息。

1. 中期核查数据表头

在系统界面上方功能菜单上，单击“中期核查数据”，进入中期核查数据界面，如图 5–44 所示。

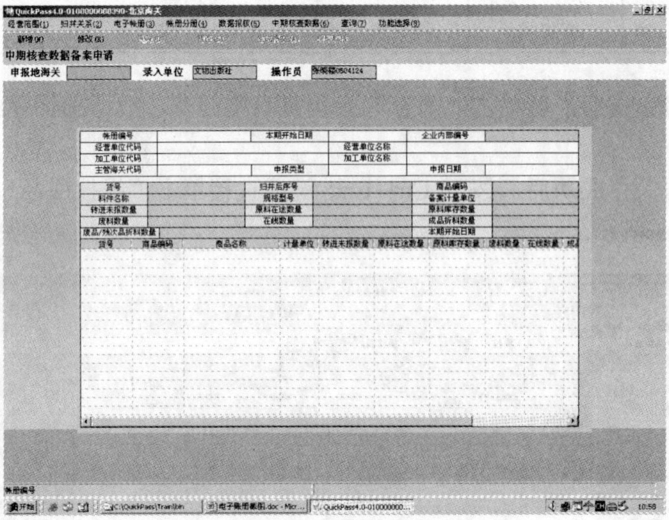

图 5–44 中期核查数据备案申请表头界面

表头部分中：当鼠标光标停留在“账册编号”“本期开始日期”“企业内部编号”“经营单位代码”“加工单位代码”各项时，界面底部有系统提示。“经营单位名称”在输入“经营单位代码”后由系统自动调出。“加工单位名称”在输入“加工单位代码”后由系统自动调出。“主管海关代码”敲空格键即可调出相应代码，选中代码即可显示相关内容。“录入日期”由系统自动生成。如表 5–27 所示。

表 5–27　中期核查数据表头部分各字段的填写规范

中期核查数据表头部分各字段的填写规范		
字段名称	是否必填	其　他　说　明
申报地海关	必填	系统根据 IKey 卡默认，但可以修改。4 位数字，根据《关区代码表》填写。敲空格键即可调出相应代码，选中代码即显示相关内容
录入单位	不可填	系统根据 IKey 卡自动生成
操作员	不可填	系统根据 IKey 卡自动生成
企业内部编号	不可填	输入账册编号后由系统自动调出。该“企业内部编号”与电子账册中的“企业内部编号”一致
本期开始日期	必填	8 位数，顺序为年 4 位，月、日各 2 位
账册编号	必填	12 位字符，该账册编号即为电子账册中的账册编号
经营单位代码	必填	输入账册编号后由系统自动调出，不可修改
经营单位名称	必填	输入账册编号后由系统自动调出，不可修改
加工单位代码	必填	10 位数，为加工单位在海关注册的 10 位编码
加工单位名称	必填	输入加工单位代码后系统自动调出
主管海关代码	必填	敲空格键即可调出相应代码，选中代码即显示相关内容
录入日期	必填	由系统自动生成

2. 中期核查数据料件

输入完表头中的“录入日期”，按回车键即“暂存”，可继续进行料件部分的录入。

料件部分中：当鼠标光标停留在“货号”“归并后序号”“商品编码”“规格型号”“转进未报数量”“原料在途数量”“原料库存数量”“废料数量”“在线数量”“边角料数量”“本期原料入库数量”“原料领料数量”“本期原料内销数量”“本期放弃料件数量”“耗用数量”“废品，残次品折料数量”“本期放弃残次品折料数量”“原料退换”“半成品折料数量”“原料复出”各项时，界面底部有系统提示。“料件名称”在输入“商品编码”后由系统自动调出。也可先输入“料件名称”，调出相应的“商品编码”。“备案计量单位”敲空格键即可调出相应代码，选中代码即可显示相关内容。“本期开始日期”由系统自动调出。如表 5–28 所示。

表 5–28　中期核查数据料件部分各字段的填写规范

中期核查数据料件部分各字段的填写规范		
字段名称	是否必填	其　他　说　明
货号	必填	归并前的料件货号，最多 30 位字符
归并后序号	必填	输入正确的货号后由系统自动调出，不可修改
商品编码	必填	输入正确的货号后由系统自动调出，不可修改
料件名称	必填	输入正确的货号后由系统自动调出，不可修改
规格型号	非必填	输入正确的货号后由系统自动调出，不可修改

续表

字段名称	是否必填	其他说明
备案计量单位	必填	输入正确的货号后由系统自动调出，不可修改
转进未报数量	非必填	填报本期已实际入库但未办理结转（深加工结转）报关手续的数量。最多18位数，整数13位，小数5位
原料在途数量	非必填	填报本期已进口放行但未入库和已出厂未申报出口的料件数量。最多18位数，整数13位，小数5位
原料库存数量	非必填	填报本期料件实际库存在原料仓库中的数量，不包括以上两项数量。最多18位数，整数13位，小数5位。
废料数量	非必填	填报本期报废原材料数量，不包括监管方式代码为"0200"（料件放弃）和"0400"（成品放弃）的已申报放弃处理的数量。最多18位数，整数13位，小数5位
在线数量	非必填	填报本期料件在生产线上的数量，包括企业领料后成品入库前的数量。最多18位数，整数13位，小数5位
边角料数量	非必填	按本期库存边角料实际情况填报，无库存填"0"。最多18位数，整数13位，小数5位
本期原料入库数	非必填	最多18位数，整数13位，小数5位
原料领料数量	非必填	填报原料出库数量，最多18位数，整数13位，小数5位
本期原料内销数	非必填	填报本期监管方式代码为"0644"（进料料件内销）和"0245"（来料料件内销的料件内销的数量。最多18位数，整数13位，小数5位
本期放弃料件数	非必填	填报本期监管方式代码为"0200"（料件放弃）的放弃料件的数量。最多18位数，整数13位，小数5位
耗用数量	非必填	填报本期已入库成品折料数量。最多18位数，整数13位，小数5位
废品、残次品折料数量	非必填	填报本期已入库废品、残次品折料数量，不包括监管方式代码为"0200"（料件放弃）和"0400"（成品放弃）的已申报放弃处理的数量。最多18位数，整数13位，小数5位
本期放弃残次品折料量	非必填	填报本期监管方式代码为"0200"（料件放弃）的放弃的半成品、残次品（不完整品）的折料数量。最多18位数，整数13位，小数5位
原料退换	非必填	填报本期监管方式代码为"0300"（来料料件退换）和"0700"（进料料件退换）的原料退换出口的数量。最多18位数，整数13位，小数5位
半成品折料数量	非必填	填报本期半成品仓库库存折料数量，最多18位数，整数13位，小数5位
原料复出	非必填	填报本期监管方式代码为"0265"（来料料件复出）和"0664"（进料料件复出）的料件复运出境的数量，最多18位数，整数13位，小数5位
本期开始日期	必填	由系统自动调出

3. 中期核查数据成品

输入完料件部分的所有项目后，用Ctrl+End键切换到成品部分。

成品部分中：当鼠标光标停留在"货号""归并后序号""商品编码""规格型号""成品库存数量""成品在途数量""成品转出未报数""成品入库数量""本期成品出库数""本期成品内销数""本期成品放弃数""成品退换""半成品数量""废品数量""残次品数量"各项时，界面底部有系统提示。"成品名称"在输入"商品编码"后由系统自动调出。也可先输入"成品名称"，调出相应的"商品编码"。"备案计量单位"敲空格键即可调出相应代码，选中代码即可显示相关内容。"本期开始日期"由系统自动调出。如表5–29所示。

表 5–29　中期核查数据成品部分各字段的填写规范

中期核查数据成品部分各字段的填写规范		
字段名称	是否必填	其 他 说 明
货号	必填	归并前的成品货号，最多 30 位字符
归并后序号	必填	输入正确的货号后由系统自动调出，不可修改
商品编码	必填	输入正确的货号后由系统自动调出，不可修改
成品名称	必填	输入正确的货号后由系统自动调出，不可修改
规格型号	非必填	输入正确的货号后由系统自动调出，不可修改
备案计量单位	必填	输入正确的货号后由系统自动调出，不可修改
成品库存数量	非必填	填报本期合格品库存数量，最多 18 位数，整数 13 位，小数 5 位
成品在途数量	非必填	填报本期已出库但未办理出口手续的成品数量，不包括深加工结转转出未报的成品数量，最多 18 位数，整数 13 位，小数 5 位
成品转出未报数	非必填	填报本期已出库未办理结转报关手续的成品数量，指深加工转出未报。最多 18 位数，整数 13 位，小数 5 位
成品入库数量	非必填	填报本期成品已入库数量，最多 18 位数，整数 13 位，小数 5 位
本期成品出库数	非必填	填报本期成品已出库数量，最多 18 位数，整数 13 位，小数 5 位
本期成品内销数	非必填	填报本期成品已内销数量，最多 18 位数，整数 13 位，小数 5 位
本期成品放弃数	非必填	填报本期监管方式代码为“0400”（成品放弃）的放弃成品的数量，最多 18 位数，整数 13 位，小数 5 位
成品退换	非必填	填报本期监管方式代码为“4400”（来料成品退换）和“4600”（进料成品退换）的退换进口数量。最多 18 位数，整数 13 位，小数 5 位
半成品数量	非必填	填报本期库存半成品数量，最多 18 位数，整数 13 位，小数 5 位
废品数量	非必填	填报本期库存废品数量，最多 18 位数，整数 13 位，小数 5 位
残次品数量	非必填	填报本期库存残次品数量（不包括不完整品或半成品），最多 18 位数，整数 13 位，小数 5 位
本期开始日期	必填	由系统自动生成

成品部分填写完成后，可单击“暂存”，也可直接回车，数据都保存成功。最后单击“生成报文”，即实现申报。中期核查数据备案申请全流程完成。

课后练习

1. 无纸化手册系统主要可以实现哪些功能？
2. 无纸化手册业务涉及电子口岸 QP 预录入系统的哪几个子系统？
3. 简述无纸化手册总体操作流程。
4. 备案资料库备案申请录入界面包括哪些部分？主要录入哪些信息？
5. 数据报核录入界面包括哪几个部分？主要录入哪些信息？
6. 电子账册系统主要可以实现哪些功能？
7. 电子账册业务涉及电子口岸 QP 预录入系统的哪几个子系统？
8. 简述电子账册总体操作流程。

9. 经营范围备案主要是对哪些信息进行备案?
10. 经营范围备案数据变更可以通过哪些方式来完成?
11. 商品归并的基本原则是什么?
12. 电子账册系统数据报核包括哪些方式?
13. 预报核与正式报核有什么不同?

参 考 文 献

[1] 报关职业全国统一教材编写组. 2015 年版报关职业全国统一教材. 北京：中国海关出版社，2015.

[2] 苏园关. 加工贸易与保税监管：企业实务操作技巧与案例. 北京：中国海关出版社，2007.

[3] 刘庆珠，王瑞华，吴琳，等. 报关实务. 北京：中国海关出版社，2014.

[4] 报关水平测试教材编写委员会. 报关业务技能. 北京：中国海关出版社，2015.

[5] 林青. 电子口岸实务. 2 版. 北京：中国海关出版社，2014.

[6] 中国电子口岸数据中心. 电子口岸预录入 4.0 版无纸化手册项目操作手册. http://wenku.baidu.com/view/2326006ba98271fe910ef935. html.

[7] 中国电子口岸数据中心. 电子口岸预录入 4.0 版电子账册系统操作手册.http://wenku.baidu.com/view/4d1aff3887c24028915fc3a4. html.